韩 骁

中国社会科学院硕士，现任中国社会科学院研究生院兼职教师、中国法学会会员、北京市经济法学会理事、北京京润律师事务所律师、北京市朝阳区律师协会知识产权委员会委员、公益委员会委员，北京市石景山区劳动争议仲裁委员会兼职仲裁员，《南方周末》多家报刊杂志的特聘专家律师。韩骁师从于民法学大家中国社会科学院学部委员梁慧星先生，目前已出版《投资创业全程法律指南》《道路交通纠纷一站式解决》等著作。

联系电话：13501211351

邮箱：13501211351@163.com

常 莎

北京市京都律师事务所律师，中国社会科学院研究生院硕士。现任中国社会科学院研究生院兼职教师、中国法学会会员、北京市经济法学会理事、北京市律师协会信息网络与电信邮政法律专业委员会委员、北京市朝阳区律师协会知识产权委员会委员、公益委员会委员，《法律与生活》《南方周末》《新京报》等报刊杂志的特聘专家律师。

常莎律师师从于民法学专家、中国物权法主要起草人孙宪忠教授，对合同法及债权相关问题有深入研究。已协助多家公司成功在新三板挂牌上市。

联系电话：13810065331

邮箱：elsachang@163.com

新三板
规则解读与操作指南

规则制度、业务操作、经典案例、发展趋势

韩骁 常莎 ◎著

实务操作版

前言
PREFACE

几年前，对于大众来说，新三板还是一个非常陌生的东西，但仅仅经过几年的时间，新三板已经成为资本市场最火爆的话题之一。如今，在提到场外交易市场的时候，大多数投资者第一时间就会联想到新三板市场。

事实上，从最初准备试点时的小心翼翼到如今的如火如荼，新三板证明了它自身所具备的强大生命力。作为完善和建立多层次资本市场中不可或缺的重要一环，新三板很好地契合了资本市场，而且与场内市场的联系日益紧密，这无疑凸显出了新三板市场的独特地位和作用。

对于希望能够在资本市场掘金的参与者来说，新三板具有很大的吸引力，比如挂牌公司可以通过新三板实现价值的增长、品牌影响力的提升，能够获得更多的融资。更重要的是新三板能够成为上市的跳板，对于那些一直想要上市却又受限于各种现实问题的企业来说，新三板无疑成了上市的一条绿色通道。这所有的一切都体现出了新三板独特的魅力。

目前，新三板仍旧处于发展之中，而且还有很大的发展空间，如果将其比作一个宝藏，那么这个宝藏的财富和价值还远远没有被挖掘出来。更重要的是，对于整个资本市场来说，新三板是撬动资本市场的一个杠杆，其发展势必会带动整个资本市场的发展。因此，资本市场需要更多的企业、投资者、中介机构参与到新三板市场当中去，进一步促进市场的发展和开发，而了解新三板则是这一切的前提。

对企业、投资者、中介机构等潜在的参与主体而言，新三板究竟是什么东西，它的运作规律是怎样的，具有什么样的内在架构，如何参与进去，如何更好地挖掘价值点，它的价值怎样，在资本市场中的地位和作用是怎样的，它能否创造更大的财富，能否带动投资，这所有的问题都是参与者亟需了解的。

本书侧重对规则体系和业务操作的介绍，从发展的历史、现状、规则体系、运作流程、参与主体、功能作用等方面进行深入解读，力图将一个全方位、多层次、立体的新三板展示在读者面前，使读者能够更加直观地了解新三板，能够了解新三板各个方面的知识点。

比如，本书的第一章和第二章就侧重描述和讲解了新三板的发展历史、市场结构、市场定位、发展现状以及发展趋势、规则制度的发展情况，这是新三板知识点的纵线，能够将新三板各个阶段的历史、其他资本市场有机地联系起来，这样读者对新三板就会有更加明确清晰的认识和定位。

本书的中间部分重点提到了参与新三板的一些情况，比如挂牌的流程、挂牌的参与主体以及一些具体的业务操作。这一部分除了对新三板流程中一些概念性的知识进行了表述之外，更看重实际的业务操作方式，比如对业务操作进行了系统的介绍，如股票转让、股份改制、定向发行、企业并购重组等相对核心的业务，而且对一些挂牌和业务操作中遇到的问题，提出具体、切实可行的方案。此外，为了建立科学合理的运作体系，新三板市场的参与主体都要明确自己的职责和业务，也要规范自己的行为，本书非常详细地讲述了不同参与主体的责任与义务，而且还在最后附录中列举了重要的法律法规和一些相应的规则，对读者来说，可以通过解读这些法律、规则来明确参与主体的职责。

此外，本书还提到了新三板着手进行的改革措施以及一些未来发展的规划，像分层制度、转板制度以及介绍上市制度，这些都是代表和影响着新三板未来发展方向的创新性制度，对新三板的发展至关重要。参与者能够在了解这些前瞻性分析的基础上更好地把握新三板的发展趋势，从而更好地做出合理的判断。

在最后，为了方便读者理解知识，书中列举了很多实例，使得读者能够更好地理解新三板企业的实际发展情况，能够了解参与者在新三板市场挂牌、交易、投资当中所遇到的问题以及解决的方法，这些都为读者提供了很好的素材和经验,能够帮助读者消化所学知识点,而且对将来进入新三板的具体操作也有一定的指导作用。

可以说,本书尽可能地做到了横向知识点与纵向知识点的结合,做到了理论与实践的结合,做到了深入解读和详细讲解的结合,因此是一本非常实用的具有专业指导性的参考书。广大的读者朋友可以通过这本书更好地了解新三板,更好地掘金新三板。

目录
CONTENTS

第一章 PART ONE
新三板的基本概念和特性

第一节 新三板的历史渊源

1. "两网系统"指的是什么 / 2
2. 代办股权转让系统 / 3
3. 新三板的中关村科技园区试点 / 5
4. 全国中小企业股份转让系统 / 6
5. 新三板的扩容 / 8
6. 新三板与老三板的区别 / 9

第二节 新三板的市场结构与定位

1. 我国资本市场的多层次结构体系 / 12
2. 新三板的市场定位 / 14
3. 新三板的功能 / 15
4. 新三板与主板市场的区别 / 16
5. 新三板与中小板市场的区别 / 18
6. 新三板与创业板市场的区别 / 19
7. 新三板与区域性股权交易市场的区别 / 21
8. 新三板与产权交易市场的区别 / 23
9. 新三板和纳斯达克的区别 / 24
10. 新三板与OTCBB的区别 / 25

11. 新三板对资本市场的影响 / 26

第二章　PART TWO
新三板的规则和制度

第一节　06 年的规则体系

1. 2006 年规则体系的文件 / 29

2. 2006 年新三板规则体系的意义 / 30

第二节　09 年的规则体系

1. 2009 年规则体系的文件 / 32

2. 2009 年规则体系的主要特点 / 34

第三节　13 年的规则体系

1. 2013 年规则体系的文件 / 36

2. 2013 年规则体系建立的背景 / 38

3. 2013 年新三板新规则的调整和创新体现在什么地方？/ 39

第四节　现行制度的改革设想

1. 完善合格投资者制度 / 42

2. 信息披露与监管力度的进一步加强 / 43

3. 完善退市制度 / 44

4. 确保交易方式和分层制度的结合 / 46

第三章　PART THREE
新三板挂牌

第一节　企业挂牌新三板的背景和重要性

1. 中小企业挂牌新三板的背景 / 48

2. 挂牌新三板对企业的重要意义 / 49

第二节　申请新三板挂牌的条件和费用

1. 什么样的企业适合上新三板 / 51

2. 挂牌的条件 / 53

3. 挂牌新三板的成本及费用 / 55

第三节　挂牌前的股份制改造

1. 挂牌前企业进行股份制改造的必要性 / 56

2. 股份制改造的方式有哪些？/ 57

3. 股份有限公司设立的条件和要求 / 58

4. 股份制改造的基本流程 / 59

5. 股份制改造所涉及的问题 / 61

第四节　企业申请挂牌新三板的工作流程

1. 挂牌的基本流程 / 63

2. 申请挂牌同时发行股票融资的公司的挂牌流程 / 66

第四章　PART FOUR
新三板的市场业务操作

第一节　新三板市场业务的基本特点和规则制度

1. 市场业务的特点 / 69

2. 市场业务新规则
   ——《全国中小企业股份转让系统业务规则（试行）》/ 70

第二节　转让股票

1. 转让方式 / 72

2. 股票转让的相关规定 / 74

3. 股份转让的限制 / 75

第三节　股票发行

1. 股票发行的概念 / 77

2. 定向发行的程序 / 78

第四节　重大资产重组

1. 什么是重大资产重组 / 81

2. 实施重大资产重组需要满足认定标准和相关的要求 / 82

3. 重大资产重组的程序 / 84

第五节　并购战略的实施

1. 什么是企业并购 / 87

2. 并购的形式 / 88

3. 并购战略实施的程序 / 91

4. 对并购目标公司进行调查分析 / 92

第六节　终止挂牌和重新挂牌

1. 什么是新三板的终止挂牌 / 94

2. 新三板终止挂牌业务的流程 / 95

第五章　PART FIVE
新三板中其他参与主体和监管部门

第一节　投资者

1. 投资主体 / 98

2. 投资者适当性管理制度 / 100

3. 投资者如何参与和完成交易 / 101

4. 投资者的风险 / 103

第二节　主办券商

1. 主办券商的业务 / 104

2. 主办券商的主要责任 / 106

3. 主办券商的任职资格 / 107

4. 取得主办券商资格的程序 / 108

5. 主办券商的持续督导 / 109

6. 主办券商的选择与更换 / 110

第三节　律师事务所

1. 律师事务所的主要工作和职责 / 112

2. 律师事务所的选择 / 113

第四节　会计师事务所

1. 会计师事务所的工作职责 / 114
2. 会计师事务所的选择 / 115

第五节　资产评估机构

1. 资产评估机构的工作任务 / 116
2. 资产评估机构的选择 / 117

第六节　新三板中的监管支持机构

1. 全国股份转让系统公司 / 117
2. 证券监督管理委员会 / 119
3. 证券结算登记机构 / 120

第六章　PART SIX
新三板的现状与未来

第一节　新三板的现状

1. 挂牌企业的特点 / 124
2. 挂牌企业交易的特点 / 125
3. 新三板股份交易受限的原因 / 127

第二节　新三板的分层

1. 分层的背景和原因 / 128
2. 市场分层的意义 / 130
3. 新三板分层设计的难度和发展方向 / 131
4. 国内外场外市场的分层体系 / 132

第三节　新三板的转板

1. 什么是新三板转板 / 134
2. 转板的路径 / 135
3. 转板的绿色通道 / 136
4. 转板制度的设计 / 138
5. 未来挂牌企业实现转板的条件 / 139

6. 新三板转板的审批 / 141

第四节　介绍上市

1. 介绍上市的基本情况 / 143

2. 介绍上市的必要性 / 144

第五节　重新明确新三板的定位，打破交易所垄断

1. 两大交易所的困局 / 145

2. 强化新三板的发展，打造合理的竞争格局 / 146

第六节　发行优先股、可转债

1. 优先股的基本概念 / 147

2. 什么是可转债 / 148

第七章 PART SEVEN
经典案例分析

第一节　公司申请挂牌的相关案例

1. 华宿电气如何处理控股股东、实际控制人占用公司资金问题 / 152

2. 北京网动科技有限公司设立时股东资格存在法律瑕疵是否会受到行政处罚 / 153

3. 奥尔斯如何处理股东缺席股东会表决的股权转让问题 / 154

4. 奥凯立如何处理子公司人数超过 200 人的问题 / 155

5. 天房科技如何通过变更经营范围消除同业竞争 / 156

6. 三意时代如何解决设立时注册资本不符合当时施行的《公司法》规定的问题 / 158

7. 新网程如何处理股权同股不同价的问题 / 159

8. 必可测如何解决股份代持的问题 / 160

9. 信诺达如何在挂牌前解决对主要客户存在销售依赖的问题 / 162

10. 拓川股份如何处理董事、高管亲属任公司监事的问题 / 163

11. 盛世光明是如何收购子公司的 / 164

12. 风格信息如何处理技术出资超比例且未评估的问题 / 165

13. 联动设计如何解决以人力资源、管理资源出资的问题 / 167

14. 成科机电如何处理土地取得方式与证载信息不一致的问题 / 169

第二节　中介机构和监管机构的相关案例

1. 全国股份转让系统对中航新材采取监管措施 / 170
2. 中试电力未如期披露半年度报告面临摘牌 / 171
3. 泰谷生物董事长曹典军违规受到处分 / 172
4. 天佑铁道更换主板券商 / 173
5. 北京思创银联科技股份有限公司变更会计师事务所 / 174
6. 可来博因违规操作受罚 / 175
7. 凯英信业未及时更正报告 / 176
8. 斯福泰克未按规定披露会计差错更正信息 / 177
9. 中控智联年报数据与审计报告数据不一致 / 178

第三节　资本运作的相关案例

1. 北京时代开创定向增发的先河 / 179
2. 众合医药巨亏千万仍定向融资 1.2 亿元 / 180
3. 九恒星通过定向增资实现并购 / 181
4. 金和软件和紫光华宇通过公司股权激励吸引人才 / 181
5. 北京安控科技股份有限公司实现转板上市 / 182
6. 上海屹通信息科技股份有限公司通过被收购实现曲线上市创业板 / 183
7. 久其软件通过 IPO 登陆中小板 / 184
8. 宝盈基金全资子公司中铁宝盈发行资管产品 / 185

APPENDIX
附　录

附录一　全国中小企业股份转让系统法律法规及规则

1. 法律及行政法规 / 187
2. 部门规章与规范性文件 / 187
3. 业务规则 / 189

4. 业务指南／192

5. 文件模板／193

附录二　全国中小企业股份转让系统核心法规及业务规则

1.《全国中小企业股份转让系统业务规则（试行）》／195

2.《非上市公众公司监督管理办法》／208

3.《全国中小企业股份转让系统主办券商管理细则（试行）》／218

PART ONE 第一章
新三板的基本概念和特性

第一节　新三板的历史渊源

1
"两网系统"指的是什么

在上世纪90年代，国有企业经营不善的问题比较突出，为了改变这一现状，中央开始制定相关的政策，支持国有企业进行股份制改造。不过在改革的过程中，"股份制是否等于私有化"成为了意识形态上的分歧，人们担心股份制改造会导致国有资产流失，并由此引发了激烈的争论。

为了达到改革目的，同时又为了减少改革中出现的"国有资产流失"等现实障碍，国家经济体制改革委员会最终采取了一种折中的方法，即在改制中设立了法人股，专门向企业法人和内部职工进行定向募集，并限制这一部分股份在二级市场上进行流通。这个方法在我国资本市场上确立了法人股的概念，但法人股的出现，决定了法人机构的投资往往难以收回和无法变现。

国家不得不采取场外交易市场建设、国有股减持、股权分置改革等方式，目的就是为了解决法人股流通问题。而为了更好地解决这一遗留问题，在1990年12月5日，国家体制改革委员会批准成立了"全国证券交易自动报价系统"，这就是"STAQ法人股流通市场"。STAQ系统中心设在北京，连接国内证券交易比较活跃的大中城市，为会员公司提供有价证券的买卖价格信息以及结算等方面的服务，使分布在各地的证券机构能高效、安全地开展业务。作为一个基于计算机网络进行有价证券交易的综合性场外交易市场，STAQ在交易机制上普遍采用做市商制度，在市场组织上采取严格的自律性管理方法。

不仅如此，在1993年4月28日，中国人民银行又联合了5家银行、人保公司以及华夏、国泰、南方三大证券公司，共同出资组建了"中国证券交易系统有限公司"，即"NET法人股市场"。NET市场的系统中心也设在北京，由交易系统、清算交割系统和证券商业务系统3个子系统组成，为证券市场提供证券的集中交易及报价、清算、交割、登记、托管、咨询等服务。按照相关规定，凡是具备法人资格且能出具有效证明的境内企业、事业单位以及民政部门批准成立的社会团体，只要有可支配的资金，就能够依法通过一个NET系统证券商的代理，参与法人股交易。

至此，STAQ、NET两个计算机网络构成的"两网"系统和上海、深圳两个证券交易所一同构成了证券交易市场格局。不久之后，STAQ市场承担了中国第一次国债承销试点，拥有数十家上市公司；NET市场也曾发展了数家上市公司，拥有几十万户投资者和200余家证券营业点。"两网"系统一开始就引起了市场的关注，也产生了很大的积极效应。

不过在1993年，国家政策突然发生转变，当时的中国证券业协会向两个法人股系统发出了《暂缓审批新的法人股挂牌流通的通知》。正是这个通知，使得"两网"系统的发展势头被遏制住，并很快下滑，法人股交易市场最终走向衰落。

1998年亚洲金融危机爆发，国内的金融监管面临巨大的压力，中国的证券市场不得不开始进行全面清理，而发展不成熟且各地标准不一的场外交易市场首当其冲，遭受严重的打击，地方性股票市场最终全面停滞。没过多久，"两网"系统就遭到了取缔。到了1999年9月9日，"两网"正式停止运行。

2

代办股权转让系统

两网停止运行之后，带来了一些历史遗留问题，因为很多原先在两网系统挂牌的公司无法继续流通股份，多数挂牌公司由于失去了交易平台而不得不申请摘牌，不过从1999年关闭两网开始，到2001年，市场仍然保留了11家公司。在这种情况下，考虑到投资者的要求以及历史发展的因素，加上原先挂牌的公司遭遇了企业法人股再次无法流通的难题，相关部门最终提出了新的解决方案，那就是让原两网系统中达到上市条件的企业到证券交易所上市，只要该企业能够通过法律规定的审核程序就行。

对于那些暂时不符合上市要求的企业，统一由证券公司为其流通股份提供一定的转让渠道。所以在2001年的时候，中国证监会批准成立证券公司代办股份转让系统，其主要的功能是利用部分证券公司的设施为历史遗留的"两网"系统挂牌公司和沪深两市退市公司提供股份转让服务，并由中国证券业协会作为行业自律组织对证券公司代办股份转让服务业务进行监督管理。

2001年6月12日，中国证券业协会发布了《证券公司代办股份转让服务业务试点方法》，指定了申银万国证券公司等6家证券公司代办原两网系统挂牌公司的股份转让业务。这一方法的制定和实施，标志着我国由证券公司代办股份转让业务的场外交易制度的确立。

2001年7月16日，长白股份和杭州大自然两只股票率先试水，表明证券公司代办股份转让系统正式开通并运行。2001年年底，水仙股份从主板退市，转而在代办股份转让系统挂牌，至此，代办股份转让系统开始承担起完善中国退市机制的历史重任。

到2002年下半年，代办股份转让系统对自然投资人开放，这一举措使得两网系统恢复了短暂的繁荣期。

证券公司代办股权转让系统就是俗称的"老三板"或者"旧三板"，该系统在特定的历史时期对企业法人股的流通以及退市机制的完善起到了重要的作用，不过从本质上来说，代办股份转让系统是过渡时期采用的一种过渡性的方法，其转让的股份基本上都涉及原两网的挂牌公司，以及从沪深两市退市的公司，里面充斥着大量业绩很差的公司以及一些问题公司，公司股票的品种少、质量相对低劣，而且几乎无法再次在主板挂牌，因此长期受到了市场的冷落。由于这类公司的大量存在，老三板被称为垃圾市场，这一印象显然给代办股份转让系统的定位和发展带来非常不利的影响，为此老三板需要被淘汰，而新的兼容性更强、领域性更广、涉及面更多且更具活力的三板市场应运而生。

3
新三板的中关村科技园区试点

老三板虽然解决了原两网系统遗留下来的企业法人股流通问题以及承接了大量的退市公司,但是由于老三板市场内的很多公司质量低劣,留下种种弊端,导致了场外交易市场的低迷。此外,一些高新技术企业的股份转让和融资也存在很多问题。在这样的背景下,有关部门开始考虑试点高新技术企业进入证券公司代办股份转让系统进行股份转让。

从2003年年底开始,北京市政府与科技部联合向国务院上报《关于中关村科技园区非上市股份有限公司进入证券公司代办股份转让系统进行试点的请示》,2004年2月,国务院有关领导做出"请中国证监会商有关方面抓紧研究具体的可操作性方案,报国务院批准后实施"的批示。同年5月,中国证监会召集北京市政府、科技部、中国证券业协会等相关单位协调启动试点的工作。2005年10月,中国证监会连同北京市、科技部上报《中关村科技园区非上市股份有限公司进入证券公司代办股份转让系统进行股份转让试点实施方案》,该方案得到了国务院的批准。

经过多年的筹划和准备,2006年1月16日,根据国务院的决定,中关村科技园区非上市股份公司进入证券公司代办股权转让系统进行股份转让试点。2006年1月23日,北京世纪瑞尔技术股份有限公司和中科软科技股份有限公司成为第一批进入代办股份转让系统挂牌交易的中关村科技园区企业,之后中关村科技园内其他高新技术企业开始陆续进入市场。

由于在中关村科技园区试点进行股份转让的企业都是高科技企业,这完全不同于原代办股份转让系统内两网系统的挂牌公司以及退市公司,因此被称为新三板。之后中关村科技园试点不断在制度建设、信息披露和推荐培育等方面进行创新尝试,积极探索我国场外市场的发展道路。比如2006年国务院发布《关于实施〈国家中长期科学和技术发展规划纲要(2006~2020年)〉若干配套政策的通知》（国发［2006］6号），其中第19条第2款规定："推进高新技术企业股份转让工作，启动中关村科技园区未上市高新技术企业进入证券公司代办系统进行股份转让试点工作。在总结试点经验的基础上，逐步允许具备条件的国家高新技术产业开发区内未上市高新技术企业进入代办系统进行股份转让。"

与此同时，为了规范转让行为，防范相应的风险，中国证券业协会同时制定了一系列配套规则和业务指引，其中包括《证券公司代办股份转让系统中关村科技园区非上市股份有限公司股份报价转让试点办法（暂行）》《主办券商推荐中关村科技园区非上市股份有限公司股份进入证券公司代办股份转让系统挂牌业务规则》和《股份进入证券公司代办股份转让系统报价转让的中关村科技园区非上市股份有限公司信息披露规则》等。

经过多年的发展，新三板市场的挂牌转让制度不断得到完善，逐步具备融资和转板等功能，新三板也因此渐渐成为中关村高新技术企业的孵化器和蓄水池，从而形成了场外交易市场的雏形。更重要的是，这为建立统一的全国性场外交易市场积累了丰富的经验。

新三板在中关村科技园区的发展有了很大的进步，不过由于仍旧处于试点阶段，市场规模比较小，加上试点政策的制约和局限，这一阶段的新三板仍旧处于发展的初期，与其他层次相对成熟的资本市场相比，仍旧处于萌芽的状态。

···· 4 ····

全国中小企业股份转让系统

中关村试点为新三板的发展做了一个很好的探索，不过处于试点阶段的新三板受限于区域性市场规模，难以获得更大的发展，国务院决定加快场外市场建设，扩大试点范围，并着手进行相关的筹备工作。

2010年4月，中国证监会成立国家高新技术产业开发区非上市公司股份转让试点暨场外市场建设筹备工作领导小组及其工作机构。

2011年2月，国务院相关领导人召开会议，重点研究证券场外市场建设的有关问题，开始逐步探索建立全国统一的证券场外市场。

2011年3月，国务院发布《国民经济和社会发展第十二个五年规划纲要》，开始提出"加快多层次金融市场体系建设""扩大代办股份转让试点，加快发展场外交易市场"。

2012年3月，中国证监会全国场外市场筹备组成立，并于同年5月完成工作团队的组队。

经过上述的准备和筹备，到了2012年7月，国务院正式批准扩大非上市股份公司股份转让试点，在原有的中关村试点基础上，增设了上海张江、武汉东湖、天津滨海高新区这三个试点。国务院还同意设立全国中小企业股份转让系统，组建运营管理机构。2012年9月7日，扩大非上市股份公司股份转让试点合作备忘录签署暨首批企业挂牌仪式在北京举行。

2012年全国中小企业股份转让系统有限责任公司以30亿元的注册资本在国家工商总局完成登记注册，标志着全国中小企业股份转让系统的运营管理机构正式成立。公司的股东单位包括了沪深交易所、中国证券登记结算有限责任公司、上海期货交易所、中国金融期货交易所、郑州商品交易所、大连商品交易所。公司的经营范围主要包括组织安排非上市股份公司股份的公开转让，为非上市股份公司融资、并购等相关业务提供服务，为市场参与人提供信息、技术、培训服务。

此外，全国中小企业股份转让系统有限责任公司以坚持公开、公平、公正为原则，旨在完善市场功能，加强市场服务，维护市场秩序，推动市场创新，保护投资者和其他市场参与主体的合法权益，推动场外交易市场的健康发展，促进民间投资和中小企业发展，有效地服务实体经济。

不久，中国证监会发布了《非上市公众公司监督管理办法》，明确规定其规范的公司对象为非上市公众公司。2013年1月16日，全国股份转让系统在北京正式揭牌，这是全国场外市场建设的标志性事件，至此，新三板的名字从"中关村股份转让试点"变更为"全国中小企业股份转让系统"。

5
新三板的扩容

新三板试点的扩大以及全国中小企业股份转让系统的建立，使得新三板成功吸引了市场的关注，很多原本不看好新三板业务的证券公司也开始向中国证券业协会申请代办股份转让系统和报价股份转让系统的业务资质，此外，这也吸引了更多中小企业进入新三板市场挂牌。比如截至2012年12月31日，一共只有207家中小企业挂牌，而2012年这一年当中就吸引了105家挂牌公司，这比2006年到2011年累计的挂牌公司还要多，这显示出新三板的发展即将迎来爆发式的增长，在这基础上，新三板向全国范围进行扩容的条件和时机已经成熟了。

早在2012年年底，全国中小企业股份转让系统公司发布了5个通知、4个细则、4个暂行办法，其中《全国中小企业股份转让系统业务规则（试行）》规定：股份有限公司申请股票在全国股份转让系统挂牌，不受股东所有制性质的限制，不限于高新技术企业。2013年1月16日，全国股份转让系统在北京正式揭牌，这是全国场外市场从试点走向规范性运行的重要转折。

与此同时，国务院加快了新三板试点向全国扩容的步伐。2013年6月19日，国务院常务会议研究部署金融支持经济结构调整和转型升级的政策措施。会议研究确定了8大政策措施，明确提出加快发展多层次资本市场，将中小企业股份转让系统试点扩大至全国，鼓励创新、创业型中小企业融资发展。

2013年6月26日，北京市昌平区科技园区、海淀区、东城区、上海市浦东新区的15家公司发布公开转让说明书，披露将在全国股份转让系统挂牌。

2013年12月13日，国务院发布《关于全国中小企业股份转让系统有关问题的决定》（国发［2013］49号）。该决定明确提出，新三板可以向全国范围扩容，中国境内符合条件的股份公司都可以挂牌，新三板不设企业规模和财务门槛的要求，简化核准程序并豁免部分核准，建立转板机制，挂牌公司达到上市标准即可直接向证券交易所申请上市，而不用向证监会提交核准，而且在区域性股权转让市场进行股权非公开转让的公司，只要符合挂牌条件也可挂牌新三板。这标志着新三板从试点阶段正式进入全国扩容的实施阶段。

2013年12月30日，经过中国证监会的批准，全国中小企业股份转让系统有限公司对《全国中小企业股份转让系统业务规则（试行）》的部分条款进行了修改。股份转让系统也颁布了关于修改《全国中小企业股份转让系统公开转让说明书内容与格式指引（试行）》等一系列业务操作规则。

自2013年12月31日开始，股份转让系统开始面向全国受理企业挂牌申请，这表明新三板向全国范围进行扩容已经进入实质性操作阶段。

2014年1月24日，全国股份转让系统扩容后，285家首批企业集体举行挂牌仪式，其中266家公司正式挂牌，这表明新三板市场规模和企业质量得到了进一步的提升，市场影响力也显著扩大，新三板已经进入快速发展的新阶段，从而拉开了未来10到15年快速发展的序幕。

6

新三板与老三板的区别

从新三板的历史发展轨迹来看，新三板和老三板是相对的，新三板是从老三板中孕育出来的，两者之间联系紧密，但也存在很大的区别，而在不同时期，新三板具有不同的特点。

一、中关村试点时期

在中关村试点这一阶段，新三板和老三板最大的区别体现在进入系统的主体资格和具体的交易制度上。

1. 参与主体不同。老三板挂牌公司是公众公司，经过合法的公开发行程序，符合我国关于证券发行的资质规定。而新三板试点的挂牌公司则是非公众公司，无须经过公开发行程序，只需要获得北京市政府的高科技企业认证，并在经营资质上符合新三板试点规则确定的挂牌公司条件即可。

在投资主体方面，老三板从 2002 年就开始向所有投资者开放，没有自然人和机构投资者的区分，而新三板试点一开始也对所有投资者开放，不过自 2009 年增加了投资者适当性制度，非挂牌公司股东的自然人被排除在外。

2. 交易制度不同。老三板的交易制度接近主办，采用集中竞价的方式进行配对成交，还依据股份转让公司的质量试行股份分类转让制度，按挂牌公司净资产情况分别实行每周 1 次、3 次和 5 次的转让，并设定 5% 的涨跌停板限制。

而新三板试点的交易制度更接近于场外交易市场，实行证券公司的委托报价和配对成交，投资者通常在线下进行价格磋商，在试点系统完成成交确认。交易的最低额度是 30000 股，而且一旦交易操过了 30% 的公司股份，双方需要公开买卖信息。

3. 定位和作用不同。老三板设立的初衷是为了解决原两网系统挂牌公司法人股的流通问题以及退市问题，随着股权分置改革的推进，法人股的流通问题得以解决，退市公司在股权结构稳定或重组后，不再具有股份转让的需求，老三板的作用不断降低。

而新三板试点为高新技术企业提供了融资平台，用以解决中小企业的融资问题，它不仅为非上市股份公司提供股份流通的平台，还提升了挂牌公司的形象、信誉度和知名度，优化了企业机构。新三板试点在运行过程中，吸纳了很多优秀的企业，逐渐成为了主板、中小板、创业板的基础和前台。

4. 信息披露不同。老三板挂牌公司是经过公开发行的公众公司，信息披露按照上市公司的披露标准以及相关的法律法规来执行。新三板试点的信息披露标准要比上市公司低一些。比如在财务信息方面只披露资产负债表、利润表及其主要项目附注，鼓励其披露更为充分的财务信息；年度财务报告只需经会计师事务所审计，鼓励其聘任具有证券资格的会计师事务所审计；只需披露最近两年的财务报告；只需披露首次挂牌的报价转让报告、后续的年度报告和半年度报告，鼓励其披露季度报告；只需在发生对股份转让价格有重大影响的事项时披露临时报告。

二、全国股份转让系统时期

这一时期和中关村试点时期的区别主要体现在以下 5 个方面：

1. 挂牌准入不同。中关村试点期间，规定了主营业务突出，并由省级人民政府出具确认函的公司才允许申请挂牌；新规则取消了这些要求，更加强调主办券商的持续督导作用，并明确允许申请挂牌公司存在未行权完毕的股权激励。

2. 交易规则不同。全国股份转让系统时期，在保留协议转让方式的基础上，增加了集合竞价方式，并引入做市商制度；将每笔委托从 30000 股调整为 1000 股；与沪深交易所结算一致的多边净额担保交收模式取代了逐笔全额费担保交收方式；取消定向发行新增股票限售要求，豁免做市商挂牌前受让控股股东、实际控制人股票的限售要求。而且新规则明确规定不设涨跌幅。

3. 日常监管不同。中关村试点期间，主要参照主板年报格式披露信息；全国股份转让系统时期，要求挂牌公司披露年报和半年报，且只有年报要求有证券期货从业资格的会计师事务所出具审计意见。另外，全国股份转让系统官网负责披露相关信息，而无须在纸质媒体上披露。

4. 融资、并购不同。全国股份转让系统在新制度中更加突出"小额、快速、按需"的融资原则，实行小额发行豁免和储架发行机制；挂牌公司可发行可转债等融资产品；定向发行人数除原股东外提升至 35 人的上限。此外，还规定了挂牌公司可以开展并购重组业务。

5. 投资者准入条件不同。中关村试点期间实施较为宽松的投资者准入标准，只是将股东除外的自然人投资者排除在外，而全国股份转让系统时期，在投资者适当性管理制度上有了改进，要求机构投资者注册资本或实缴出资不低于 500 万元，自然人投资者证券资产不低于 500 万元且有两年以上的证券投资经验。

第二节　新三板的市场结构与定位

1
我国资本市场的多层次结构体系

资本市场的多层次结构体系指的就是多层次的资本市场，对于一个国家而言，资本市场是否发达，是否具备充足的活力，经济是否能够良性发展，关键在于资本市场的结构体系是否多层次多元化。我国近些年一直在不断打造和完善丰富的多层次的资本市场结构体系，而且成效显著。当然，多层次资本市场是一个中国概念，是一些学者在1996年开始提出的，而国外并没有相应的概念，也没有形成一整套比较完整的理论，因为西方发达国家多层次的资本市场是自发形成的，而我国的多层次资本市场则是构建起来的。

通常来说，资本市场的多层次体现在上市公司规模、市场监管力度、投资风险大小等方面，一个成熟的多层次资本市场应该具有全方位的包容性，应该同时为大、中、小、微型企业提供融资平台和股份交易服务。而且在市场规模上，应该体现出合理的"金字塔"结构。

对于我国而言，资本市场从1990年沪深交易所开始，已经逐渐形成了主板、中小板、创业板、新三板、产权交易市场、股权交易市场等多样化的股份交易平台，这些就是中国多层次资本市场的雏形或者说是基本架构。

如果对我国资本市场进行划分，可以将之分为场内市场和场外市场，场内市场分为主板、中小版和创业板。其中主板市场存在于沪深两家证券交易所，开办于1990年，主要为大型、成熟的企业提供上市服务。到目前为止主板市场中上市公司的市价总值是所有资本市场中最高的。

中小板市场开办于 2004 年 5 月 17 日，由深圳证券交易所承办，主要为传统行业中小企业提供融资。中小板基本上延续了主板市场的上市条件和运行规则，门槛比较高。不过中小板的开办是落实我国多层次资本市场建设的第一步，具有重要的意义，而且时至今日，中小板已成为主板之后第二大资本市场。

中小板推出之后，深圳证券交易所在 2009 年 3 月 31 日启动创业板，目的是为创新型和成长型企业提供金融服务，为自主创新型企业提供融资平台，而且为风险投资企业和私募股权投资者建立新的退出机制。相比于中小板的高门槛以及对传统产业的中小企业的支持，创业板更加侧重对新兴产业的扶持。

最后是新三板市场、产权交易市场、股权交易市场，它们是沪深证券交易所之外的交易市场，也就是指我国的场外交易市场。其中新三板发展迅速，而且在扩容的基础上，随着做市转让、竞价转让制度的实行和完善，新三板日益呈现出以风险来划分的我国资本市场重要层次的地位。而且新三板的规模不断扩大，市值总量大幅攀升。

以上诸多市场基本上构成了我国多层次的资本市场，从发展的实际规模和市值总量来看，我国多层次资本市场存在比较明显的结构缺陷，因为科学合理的资本市场结构应该呈现出金字塔结构，即场外市场位于最底层，但是市值和规模应该最大，创业板市场、中小板市场、主板市场位置逐渐升高，市值规模也逐渐减小。而我国的多层次资本结构呈现出了倒金字塔结构，以新三板为代表的场外市场规模最小。

这一不合理的结构布局和我国的经济发展和经济体制改革密不可分，毕竟主板市场最先出现，最先上市的企业拥有资金和规模上的优势，因此占据了资本市场的半壁江山。中小板和创业板开办时间比主板稍短一些，为了规避风险而设置了较高的上市标准和比较严格的监管制度，在资本市场中的规模受到了一定的限制。而场外交易市场相对混乱，监管不一致，呈现局部繁荣而整体规模较小的局面，市场关注度并不高。

通过对我国多层次的资本市场结构进行分析，可以得出这样的结论，虽然我国的多层次资本市场建设取得了重大的进步，不过想要建立起结构完备、产品多元的资本市场，仍旧有很长一段路要走，而场外交易市场的建设和完善应该是今后建设工作中的重中之重。

2
新三板的市场定位

从长远的发展目标来看，我国的资本市场要构建起以主板市场、中小板和创业板所在的二级市场、新三板市场、区域性股权交易市场、券商之间柜台交易市场等五个层次为主的多层次结构体系。各板块间是平等的分工合作关系，以层次高低来描述各个板块之间的关系并不准确。虽然不同资本市场在规模上有区别，但各个市场应该是一种平行并列的关系。

设立不同的资本市场是为了满足不同估值特点企业的发展需要，因此每一个资本市场都有自己独特的市场定位，比如主板市场就是为大中型企业上市服务，而就目前而言，新三板位于第三层次，其市场定位是为非上市公众公司提供股权交易平台，从而形成一个高效便捷的企业融资平台。

需要注意的是，在整个资本市场结构中，创业板和新三板在某些方面有很多相似之处，两者都服务于高成长型、创新型、科技型的中小企业，但是在两者之间还是存在一些差别。如果将企业按照生命周期来划分，可以分为初创期企业、成长期企业和成熟期企业，创业板更加侧重服务于那些成长后期，接近成熟期的中小企业，而新三板则针对初创后期有产品、有技术、有持续经营能力、有一定盈利模式，接近于成长初期的中小企业，注重企业的经营模式、成长空间和发展前景。在进行市场定位的时候，一定要明确将这些企业区分开来，不要混淆在一起。

此外，随着新三板制度的不断完善，尤其是转板制度的引入更多的企业实现了与IPO完全不同的道路上市。新三板成为了优质企业的孵化池，它可以为主板市场培育和提供更多优质的上市企业，并且完善了主板市场的退市机制。这也是新三板在发展过程中的一个重要定位。

3
新三板的功能

作为资本市场的重要组成部分,新三板有着明确的市场定位,这个市场定位也决定了新三板的功能定位,而新三板的功能主要体现在以下几个方面:

1. 为企业提供理想的资本平台

新三板挂牌的条件比较宽松,门槛相对较低,对中小企业而言,只要依法设立且存续满两年;业务明确,具有持续经营能力;公司治理机制健全,合法规范经营;股权明晰,股票发行和转让行为合法合规;主办券商推荐并持续督导;以及满足全国股份转让系统公司要求的其他条件,就可以申请挂牌。挂牌后能够依托市场资源和优势,获得发展所需的资金、技术、市场等要素,促进企业的快速发展。

2. 规范挂牌公司的治理结构

中小企业在发展初期并不重视企业的管理制度,因此在管理和制度上存在很多缺陷,而挂牌新三板后,通过中介机构的尽职调查、主办券商的持续督导、适当的信息披露,以及相关部门的监管,将有效完善公司的管理制度和治理结构。

3. 促进风险投资的发展

新三板为非上市公众公司提供了良好的股份转让平台,形成了合法有序的股份退出机制,这样就吸引了更多的风险投资基金进入市场,促进风险投资的发展。

4. 提升企业的形象和市场价值

中小企业最大的难题在于融资,而造成融资困难的原因往往是企业的形象比较差,市场价值不高,很难吸引外来资本的关注,而新三板能够宣传挂牌企业,扩大挂牌企业的知名度,提升形象,并有效拉升企业的市场价值。

5. 增强股份的流动性

挂牌企业通过定向增发、股权转让等方式进行融资，同时投资者获得了退出渠道，这样就确保了股份的流动性。

6. 有助于推进多层次资本市场的建设

对于整个资本市场而言，新三板是其中不可或缺的一环，它对于中小企业的发展尤其是高新技术产业的发展起到了很大的扶持作用，这对完善和丰富资本市场的层次机构有很大的帮助。对于那些想要上市而暂时达不到要求的公司来说，新三板为它们提供了很好的选择机会，使其得到更多的资金支持，以及获得转板上市的机会，可以说新三板市场和场内市场是互补的，新三板更是主板、中小板的基础和前台。

4

新三板与主板市场的区别

我国的主板市场属于场内市场，而新三板是场外交易市场，新三板能够有效弥补证券交易所的不足。而两者之间也因为不同的市场定位而存在各种差别：

1. 组织形式不同

主板市场中的沪深证券交易所是采取会员制的非营利性法人，而新三板的运营管理机构是全国中小企业股份转让系统有限责任公司，它采取的是有限责任公司的组织形式。其中，上海证券交易所、深圳证券交易所、中国证券登记结算有限责任公司、上海期货交易所、中国金融期货交易所、郑州商品交易所、大连商品交易所为公司股东单位。

2. 服务对象不同

主板市场服务于大型企业和一些成熟型企业，尤其是一些国民经济支柱企业、重点企业、基础行业企业，在主板市场上市的企业因为涵盖了国家全部支柱产业，通常是国民经济的晴雨表。而新三板主要为一些创新型、创业型、成长型的中小企业提供资本市场服务，从挂牌企业的实际行业分布来看，重点集中在了高新技术产业、现代服务产业、高端装备制造产业等新兴产业。

3. 准入门槛不同

企业想要在主板市场上市，需要满足非常严格的条件，包括发行人是否依法设立且持续经营3年以上的股份有限公司；发行人最近3个会计年度净利润均为正数且累计超过3000万元；最近3个会计年度经营活动产生的现金流量净额累计超过5000万元，或者最近3个会计年度营业收入累计超过3亿元；最近一期期末无形资产（扣除土地使用权等）占净资产比重不超过20%；发行前股本总额不少于3000万元；发行人最近3年内公司主营业务和董事、高级管理人员没有发生重大变化，实际控制人没有发生变更；最近3年内无重大违法行为。

而挂牌新三板的条件相对要宽松许多，申请挂牌新三板并没有明确的财务指标的规定和企业规模上的要求，对于营利状况也没有作出硬性规定。股份公司只要依法设立且存续满两年；业务明确，具有持续经营能力；公司治理机制健全，合法规范经营；股权明晰，股票发行和转让行为合法合规；主办券商推荐并持续督导；以及全国股份转让系统公司要求的其他条件，就可以通过主办券商申请挂牌。

4. 审核程序不同

企业进入主板市场，通常都是以一次性发行的方式上市，发行之后还有一个上市的过程，而且上市时可以发行新股进行融资，因此审核程序比较繁琐，非常耗时。而新三板挂牌公司通过定向增发来融资，发行针对特定的对象而且不公开发行股份，定向发行的过程和挂牌转让的过程是分开的，因此审核程序相对简单快捷。具体来说，若出现股东人数超过200人的股份公司申请挂牌转让股票、挂牌公司定向发行证券且发行后证券持有人累计超过200人涉众性相对较高的情形，需向中国证监会报送材料，取得中国证监会核准文件，方可向全国股份转让系统公司申请办理挂牌手续。若股东人数未超过200人的股份公司申请挂牌转让股票、挂牌公司定向发行证券且发行后证券持有人累计不超过200人涉众性相对较低，需向全国股份转让系统公司报送材料，由中国证监会豁免核准。

5. 投资者不同

主板市场的投资者准入门槛较低,投资者只要到证券交易所会员营业部开立证券账户指定交易手续即可进行证券交易。而新三板的投资者准入门槛高一些,机构投资者持有的证券资产必须在 500 万元以上,个人投资者的证券类资产在 500 万元以上,而且必须具有 2 年以上的证券投资经验,或者具有会计、金融投资、财经等相关专业背景或培训经历。主办券商履行投资者适当性管理职责,了解投资者的相关信息,并做出风险评估,引导投资者审慎参与业务。双方要签署《买卖挂牌公司股票委托代理协议》和《挂牌公司股票公开转让特别风险揭示书》。

6. 交易机制不同

主板市场采用竞价交易,上市交易证券的买卖通过电脑主机来进行公开申报竞价,主机会按照价格优先、时间优先的原则自动撮合成交。而新三板则实行协议转让、做市转让、竞价转让三种混合制交易方式,而且新三板的股票转让不设涨跌幅限制。

7. 融资方式不同

主板市场是面对社会公众发行股票,并没有特定的对象。而新三板挂牌公司为非上市公众公司,只允许定向发行,即向特定对象发行股票。

5

新三板与中小板市场的区别

中小板被当做主板市场的一个板块,而且最初是创业板的一种过渡,肩负着为创业板探路和积累经验的使命,不过随着中小板的发展,以及为创业板打下的良好基础,它自身也不断完善和壮大,并渐渐成为了我国多层次资本市场中重要的组成部分。和新三板相比,两者之间具有很大的差别。

1. 功能定位不同

中小板是主板市场的组成部分,附属于深圳证券交易所,并和深圳证交易所组合在一起进行运作，二者的组织管理系统、交易系统、监管标准都是一致的，除了深圳证券交易所规定的一些特定业务规则之外，中小板在审核程序、发行流程等方面更接近主板市场。新三板是独立的场外交易市场，两者完全不同。

2. 服务对象不同

中小板主要服务于接近或进入成熟期、营利能力强的中小企业，而新三板主要服务于处于初创后期，有产品、有技术、有持续经营能力、有一定盈利模式但并不平稳，接近于成长初期的中小企业，这类企业未上市、规模较小，但是属于创新型、创业型的企业，发展空间比较大。

3. 市场准入门槛不同

中小板的准入门槛接近主板市场，上市要求比较严格，而新三板准入门槛较低，挂牌条件相对宽松很多，而且并没有明确的财务指标要求和营利方面的硬性规定。

6

新三板与创业板市场的区别

在所有场内交易市场中，创业板和新三板有着更多的相似点，两者都为中小企业的直接融资提供了理想的平台，不过具体来说，两者之间的差别也非常明显。

1. 功能定位不同

创业板属于场内交易市场，而新三板则是场外交易市场，这是两者最大的不同，定位的差别也决定了两者之间的区别。

2. 服务对象不同

创业板主要针对自主创新和其他成长型企业，这类企业具备一定规模和盈利能力，兼具成长性高、科技含量高、新经济、新农业、新材料、新能源、新商业模式等特点。而新三板并未对挂牌公司的行业作出明确规定，不过主要还是为未上市的创新型、创业型、成长型中小微企业服务，这类企业处于成长初期，规模较小，没有稳定的盈利模式。此外，在创业板上市的公司，股东人数不得少于 200 人，而新三板挂牌公司的股东人数可以超过 200 人，也可以少于 200 人。

3. 审核程序不同

企业发行股票并在创业板上市时，中国证监会创业板发行审核委员会需要对其进行审核，而新三板挂牌则没有类似的审核机构，审核程序相对简单便捷。股东人数超过 200 人的股份公司申请挂牌转让股票、挂牌公司定向发行证券且发行后证券持有人累计超过 200 人涉众性相对较高的，需向中国证监会报送材料，取得中国证监会核准文件，方可向全国股份转让系统公司申请办理挂牌手续。股东人数未超过 200 人的股份公司申请挂牌转让股票、挂牌公司定向发行证券且发行后证券持有人累计不超过 200 人涉众性相对较低的情形，需向全国股份转让系统公司报送材料，由中国证监会豁免核准。

4. 准入门槛不同

企业申请首次公开发行股票并在创业板上市，需要满足严格的条件，包括必须持续经营 3 年以上；最近 2 年连续盈利，最近 2 年净利润累计不少于 1000 万元，或者最近 1 年盈利，最近 1 年营业收入不少于 5000 万元；最近一期期末净资产不少于 2000 万元且不存在未弥补亏损；发行后股本总额不少于 3000 万元。而企业挂牌新三板并没有明确的财务指标和营利要求，只要满足股份公司只要依法设立且存续满两年；业务明确，具有持续经营能力；公司治理机制健全，合法规范经营；股权明晰，股票发行和转让行为合法合规；主办券商推荐并持续督导；以及全国股份转让系统公司要求的其他条件，就可以通过主办券商申请挂牌。

7
新三板与区域性股权交易市场的区别

区域性股权交易市场和新三板一样，属于场外交易市场的组成部分，而且两者都服务于非上市公司，都服务于各行业中高成长性的相对优质的企业，不过两者之间还是存在一定的区别。

1. 功能定位不同

新三板是经国务院批准设立的全国性证券交易场所，属于公开市场，挂牌公司不受地域限制，中国境内符合条件的各种所有制、各种行业的企业均可申请挂牌。而区域性股权交易市场是经地方政府批准成立的区域性股权交易中心，属于私募、非公开市场，主要为市场所在地省级行政区域内的企业特别是中小微企业提供股权、债券的转让和融资服务。区域性股权交易市场具有严格的地域限制，不允许跨地区开展业务，不接受跨地区企业挂牌，只有经区域性市场所在省级人民政府及拟跨区域的省级人民政府批准，才能够跨地区开展业务。

2. 股东人数限制不同

新三板挂牌公司的股东人数可以超过200人，也可以不超过200人，在股东人数设置上非常灵活。而区域性股权交易市场是私募非公开市场，不得进行非上市公众公司的股权公开转让，股东人数也不能突破200人。

3. 交易机制不同

区域性股权交易市场不能集中竞价也不能连续交易，某些区域性股权交易所的交易制度非常复杂，在不同时段分别采用做市商双向报价、集合竞价、协商定价的混合方式。而新三板可以并行实施做市商、协议转让和连续竞价三种转让方式。此外，新三板可以进行连续、标准化的交易，而区域性股权交易市场必须遵循非标准化交易，股权以整体打包出售的方式进行股权转让，不能拆细交易和连续交易，即不得在买入后5个交易日内挂牌卖出统一交易品种或在卖出5个交易日内挂牌买入同一交易品种。

4. 融资能力不同

区域性股权交易市场虽然数量很多，但是融资能力差，交易不够活跃，很多市场无法融资。而新三板挂牌公司由于在挂牌前、挂牌时、挂牌后，都可以通过发行普通股、公司债券直接融资，也可通过与其他金融机构搭建的服务平台间接融资，交易活跃一些。

5. 设立的审批程序不同

区域股权交易市场的设立，需要经国务院或国务院金融管理部门批准，还须报省级人民政府批准。而在报省级人民政府批准前，需要取得清理整顿各类交易场所部际联席会议的书面反馈意见。省级人民政府应统筹规划交易场所的数量、区域分布，逐步建立各自的区域性股权交易市场。而新三板由国务院批准设立即可。

6. 监督管理机制不同

严格意义上来说，区域性股权交易市场并不是证券市场，因此需要按照相关规定，接受省级人民政府的监管，省级人民政府制定本地区各类交易场所的监管制度，明确监管机构和职能，负责日常监管工作，制定交易场所的品种结构规划和审查标准。而新三板的业务活动由中国证监会统一监督管理，而且纳入非上市公众公司监管范围。

7. 市场准入条件不同

不同的区域性股权交易市场具有不同的市场准入标准，不过由于新三板位于场外交易市场的顶层，而区域性股权交易市场处于场外交易市场的底层，通常来说，从上到下，市场准入的标准越来越低，可容纳的公司数量越来越多。因此，区域性股权交易市场的准入门槛往往比新三板的门槛更低，审核周期更短，成本费用也更低。

8
新三板与产权交易市场的区别

产权交易市场是指供产权交易双方进行产权交易的场所,作为我国多层次资本市场中重要的组成部分,产权交易市场有效推动了国企改制的企业股权交易。而和新三板相比,两者之间存在很大的区别。

1. 交易标的不同

产权交易市场并没有区分资产和股权的概念,交易标的包含股权,同时也涉及到知识产权、技术产权、金融业产权等企业资产。而新三板是纯粹的股权交易平台,交易标的是非上市股份有限公司的股权。

2. 挂牌主体不同

产权交易市场的交易主体并没有硬性的规定,股份公司、有限公司以及拥有经营性国有资产的事业单位,都可以成为交易主体。而新三板的挂牌公司必须是符合条件的非上市股份有限公司。

3. 监管机制不同

产权交易市场的监管主体是各地方的国有资产管理部门,新三板则由证监会进行监管,而且纳入非上市公众公司监管范围。此外,产权交易市场的监管规则由各地主管部门制定,通常没有太多的限制,只需要对国有资产的转让实行严格的评估标准和评估程序。而新三板的监管规则在某些方面参照了上市公司的要求,比如挂牌公司的治理结构、信息披露、财务数据的监管,只不过这些方面的监管标准要低于上市公司。

4. 交易制度不同

产权交易市场作为一个由国有资产主管机构监管的交易场所,并不存在真正意义上的交易系统,也不需要线上交易,一般只需在监管部门的督导下完成产权交易即可。而新三板采取协议方式、做市方式、竞价方式进行转让,而且可以进行转让方式的灵活转换。

9
新三板和纳斯达克的区别

在西方发达国家，并没有三板市场这样的概念，三板市场只是中国学者在主板市场和二板市场的基础上提出来的新概念，尽管如此，新三板还是可以在国外资本市场中找到相类似的参照物的，比如美国的纳斯达克股票市场，两者在市场定位和上市公司的特点上还是有许多相似点的，很多学者和业界人士甚至认为新三板就是中国的纳斯达克，不过两者之间还是存在一些差别的。

1. 性质不一样

从纳斯达克市场的发展情况可知，虽然纳斯达克市场是从场外交易市场发展而来，但是于2001年3月，纳斯达克向美国证券交易委员会提出证券交易所的申请，并于2006年1月13日正式获得美国证券交易委员会授予的证券交易所牌照，至此，纳斯达克市场成为了证券交易所市场。而新三板目前仍属于场外交易市场。

2. 内部市场架构不一样

纳斯达克市场内部实行多层次市场体系，包括纳斯达克全球精选市场、纳斯达克全球市场、纳斯达克资本市场三个板块，不同层次、不同规模、不同营利水平的企业可以选择适合的市场来上市。而新三板目前尚未分层，内部的市场结构较单一。

3. 交易制度不一样

纳斯达克的交易制度有很多显著的特征：做市商制度是唯一的交易方式；电子化的交易系统；美国企业和外国企业都可上市；交易的证券种类繁多，几乎涵盖了金融衍生品在内的所有证券品种；一些在其他证券交易所上市的公司也可在纳斯达克股票市场进行股票交易，只要签订协议即可；正常时段之外，另设2个扩展时段提供股票报价行情并允许交易。

而在新三板市场中，实行做市转让、竞价转让、协议转让的混合交易方式；新三板挂牌公司仅限于中国境内公司，申请挂牌公司存在外资股东，申请挂牌材料需要增加商务主管部门出具的外资股确认文件；新三板交易的证券品种目前主要是股票和可转换公司债券；新三板的交易时间是交易日的上午9：15～11：30，下午13：00～15：00，并没有安排扩展时段。

10
新三板与OTCBB的区别

新三板未来的发展趋势目前并没有一个统一的标准，有人认为新三板的发展模板是纳斯达克股票市场，业界也有人提出了不同的预测，认为新三板未来会成为中国的OTCBB，即场外交易电子公告板。OTCBB是美国最活跃的场外资本市场，功能是为选择不在交易所或纳斯达克挂牌上市，或者为不满足上市条件的股票提供交易流通的报价服务。这一定位与新三板有很多相似之处，不过将两者进行对比，还是能够发现很多区别。

1. 性质不同

OTCBB是会员报价系统，由于没有自动交易系统，它不提供证券发行者上市交易服务，不提供自动交易撮合，证券交割需要通过电话人工进行。而新三板的功能并不局限于报价系统，作为挂牌公司股票公开转让和发行融资的市场平台，它还为挂牌公司提供股票交易、发行融资、并购重组等服务。

2. 准入条件不同

OTCBB长期以来被称为纳斯达克的预备市场，准入门槛低、上市程序简单、成本费用低廉，而且对企业在财务、规模、营利方面没有具体要求，只是股票发行人必须向美国证券交易委员会提交所要求的信息披露文件，承担财务季报和年报等信息披露义务。此外，OTCBB上市企业必须得到至少1家做市商的报价，没有做市商愿意为其报价的公司将被OTCBB除名。

而新三板也没有明确的财务指标、企业规模、营利状况的要求，只要满足股份公司只要依法设立且存续满两年；业务明确，具有持续经营能力；公司治理机制健全，合法规范经营；股权明晰，股票发行和转让行为合法合规；主办券商推荐并持续督导；以及满足全国股份转让系统公司要求的其他条件，就可以通过主办券商申请挂牌。

3. 投资主体不同

OTCBB 的股票价格相对较低，风险也比较大，投资者主要是小型基金和个人投资者，而新三板由于特定的投资者准入门槛设置以及适当性管理的实施，个人投资者基本上被排除在外，因此多数都是机构投资者。

11

新三板对资本市场的影响

随着新三板的扩容以及制度的不断完善，它渐渐形成了真正意义上的全国性场外交易市场，对市场建设和市场主体的作用和影响很大，尤其是对我国资本市场来说，新三板作为资本市场改革的一次有意义的尝试，凭借着精准的市场定位和不断完善的市场制度，对资本市场的良性发展起到了很大的促进作用。

首先，新三板优化了资本市场的结构，挂牌方式也趋近于注册制。长期以来，我国的资本市场比较混乱，市场结构不完善，不同市场的企业发展受到制约，比如主板市场门槛较高，真正能够在资本市场中获益的企业并不多，而且很多上市企业看重的是上市后的圈钱效应，因此不惜财务造假，上市后业绩下降严重，损害了广大投资者的利益，而中小企业则因为融资困难而无法获得更大的发展。

新三板的建立完善了资本市场的结构，丰富了市场的层级体系，尤其是扩容之后，挂牌标准进一步下降，帮助更多的企业进入资本市场。而且新三板要求企业必须履行信息披露义务，这近似于注册制，而且信息披露制度能够有效帮助挂牌企业规范自己的运作，还能在宣传中提升社会知名度，从而开拓了融资渠道。

其次，转板机制的确立，加强了各层级资本市场的联系。在整个资本市场的层级结构中，不同资本市场具有不同的定位和功能，但是这并不意味着它们是彼此孤立存在的。对于一个合理、完善的资本市场而言，不同资本市场之间应该相互补充，符合条件的企业可以选择登录另一层次的市场。而新三板转板制度的确立以及行政许可程序的简化，有效打通了各大市场的连接通道，从而将多层次的资本市场整合为一个有机的整体，也有效保证了我国多层次资本市场能够为不同阶段、不同规模、不同需求的企业提供与之相对应的资本市场服务，这对企业的发展有很大的帮助。

第三，快速便捷的融资，实现资源的有效配置。主板市场中股票的公开发行很容易造成圈钱效应，导致资源的不合理配置。而新三板挂牌公司是向特定对象发行证券，而且采用"小额、快速、按需"的原则，这种发行方式更加适应企业发展的实际需要，消除了圈钱现象，维持了市场的稳定，而且使得资源得到更为合理的配制。

第四，重视价值投资，健全市场理念。在新三板出现以前，我国的资本市场并不成熟，主板市场中的机构投资者只占了少数，而大部分都是散户，由于散户的投机行为更多，更喜欢投机炒作，这样就造成了股市的动荡。而新三板对投资者设置了较高的门槛，将挂牌公司股东以外的个人投资者排除在外，目的就是希望建立起一个以机构投资者为主的资本市场，因为机构投资者的投资理念更加科学合理，拥有更多专业的投资眼光和技能，善于挖掘有潜力的公司进行价值投资。而普通的散户虽然可以通过选择购买对应的专项基金产品参与新三板，由于经过相关机构的指导，散户的投资方式会更加规范。新三板对价值投资的倡导以及机构投资者的选择，有效地规范了市场的投资行为，健全了投资理念，为日后的发展奠定坚实的基础，也为整个资本市场的发展做了一次良好的规范。

第五，主办券商的持续督导，帮助企业获得成长。在主板市场中，主办券商对上市公司也有保荐责任，但是这种保荐责任是阶段性的，主办券商往往不能真正帮助上市公司维持一个长期的稳定的发展状态。而新三板试行主办券商终身督导制度，这样就使得主办券商和挂牌企业的成长紧密联系在一起。这种持续督导制度有效夯实了市场基础，确保市场的透明和规范，而且对挂牌企业也是一种呵护和保护，能够帮助挂牌企业更好地利用新三板这个平台获得快速发展。

PART TWO 第二章
新三板的规则和制度

第一节　06年的规则体系

1
2006年规则体系的文件

2006年1月16日，中国证券业协会正式发布公告，将中关村科技园区非上市股份有限公司纳入原代办股份转让系统作为试点。公告还发布了相关的各项文件，而这些文件构成了新三板推出时的规则体系。这些文件主要包括：

1.《证券公司代办股份转让系统中关村科技园区非上市股份有限公司股份报价转让试点办法（暂行）》

中国证券业协会发布的这个办法是新三板的纲领性文件，内容涵盖了挂牌公司条件、股份集中登记、股份报价转让、挂牌股份限售、重大信息披露等重要制度，可以说确立了新三板主要制度体系框架。

2.《主办报价券商推荐中关村科技园区非上市股份有限公司股份进入证券公司代办股份转让系统报价转让的挂牌业务规则》

这个规则实质上细化了主办报价券商推荐园区公挂牌的程序，规定主办报价券商应针对每家拟推荐的园区公司设立专门负责尽职调查并制作备案文件的项目小组，同时应当设立负责备案文件审核的内核机构，还规范了尽职调查人员和内核人员的任职资格、职责，并作了详细规定。

3.《股份进入证券公司代办股份转让系统报价转让的中关村科技园区非上市股份有限公司信息披露规则》

该细则对园区公司挂牌报价转让前的信息披露内容、年度报告、临时报告中所要披露的内容规定了最低标准，并规定主办报价券商派专人督导挂牌公司的信息披露，审查挂牌公司的年度报告和临时报告。

4.《中国证券登记结算有限责任公司深圳分公司中关村科技园区非上市股份有限公司股份报价转让登记结算业务实施细则》

这个细则确立了申报登记制度和登记结算机构形式审查制度，规定由中国证券登记结算有限责任公司深圳分公司为园区挂牌公司提供集中登记服务，并根据系统提交的成交确认结果进行股份和资金的逐笔清算。

除了以上四个主要文件之外，2006年新三板业务规则体系中还包含了一些操作性文件，包括《中关村科技园区非上市股份有限公司如何申请股份到代办股份转让系统挂牌报价转让》《中关村科技园区非上市股份有限公司申请股份报价转让试点资格确认办法》《股份报价转让说明书必备内容》等公司行为类的文件；《主办券商推荐园区公司股份进入代办股份转让系统挂牌报价转让协议书》《主办券商尽职调查工作指引》《证券公司从事报价转让业务自律承诺书》《主办券商业务指引》等主办券商类文件；《报价转让特别风险揭示书》《股份报价转让委托协议书》《投资者如何参与股份报价转让》等投资者行为类文件。

2
2006年新三板规则体系的意义

2006年出台的一整套规则体系具有重要的意义。

首先，它为新三板在中关村试点创造了条件，而各项制度的推出为新三板市场的初步发展保驾护航。比如这套规则体系延续了原三板市场的交易模式，即证券公司代办股权转让制度，这符合试点阶段的过渡要求。而从另一方面来说，规则体系在程序上比照上市公司公开发行股票的法律要求，给予了全面指引，从而规范了相关的业务，不过在具体标准上有所降低，以便确保试点阶段挂牌企业的稳步发展。

借助这套体系，新三板的主办券商制度和委托报价制度得以确立，而深交所深圳证券登记结算机构也参与到交易系统的搭建过程当中来，为新三板的发展提供了法律意义上的保障。

其次，新三板相关规则制度的推出，不仅仅是支持高新技术产业的政策落实，也是三板市场另一次扩容的重要试验，其更重要的意义在于，它为建立全国统一监管下的场外交易市场实现了积极的探索，并已经取得了一定的经验积累。经过多年的发展，新三板市场的挂牌转让制度不断得到完善，逐步具备融资和转板等功能，新三板也因此渐渐成为中关村高新技术企业的孵化器和蓄水池，从而具备了场外交易市场的雏形。更重要的是，这为建立统一的全国性场外交易市场积累了丰富的经验。

第三，这套体系的实施对于试点园区挂牌企业的发展很有帮助，那些高新技术企业的融资不再局限于银行贷款和政府补助，新三板开始吸引越来越多的股权投资基金参与投资，这样就为园区挂牌企业的融资创造了便利。此外，依照新的规则，园区公司一旦准备登陆新三板，就需要在专业机构的指导下进行股权改革，明晰公司的股权结构和高层的职责。挂牌公司需要比照上市公司进行信息披露，很好地促进了公司的规范管理和健康发展，为企业的发展提供了更强大的动力。

除了以上几点，这套规则体系的出现，使得挂牌公司的股权投融资行为被纳入交易系统，同时受到主办券商的督导和证券业协会的监管，这对投资者来说，就等于是设置了更多的保障，投资者抵御风险的能力得到了强化。

由于规则体系的颁布，新三板在中关村科技园区的发展有了很大的进步。不过由于仍旧处于试点阶段，加上这套制度仍有很多不完善的地方，新三板的发展仍有很大的制约和局限。正因为如此，这一阶段的新三板仍旧处于萌芽的状态，尤其是与其他层次相对成熟的资本市场相比，还非常弱小。

第二节　09 年的规则体系

1
2009 年规则体系的文件

2009 年 6 月 12 日和 6 月 17 日，中国证券业协会在新三板原规则体系的基础上进行了调整、修订和补充，并先后发布了修订后的新三板规则文件和配套的操作性文件，这些文件构成了 2009 年新三板的新规则体系。这个新三板规则体系可以分为两类文件，一类是修改原规则形成的文件，一类是在原体系基础上进行补充的操作性文件。

一、修改原规则形成的文件

1.《证券公司代办股份转让系统中关村科技园区非上市股份有限公司股份报价转让试点办法（暂行）》

2.《主办券商推荐中关村科技园区非上市股份有限公司股份进入证券公司代办股份转让系统挂牌业务规则》

3.《股份进入证券公司代办股权转让系统报价转让的中关村科技园区非上市股份有限公司信息披露规则》

4.《中国证券登记结算有限责任公司证券公司代办股份转让系统中关村科技园区非上市股份有限公司股份报价转让登记结算业务实施细则》

5.《中关村科技园区非上市股份有限公司申请股份报价转让试点资格确认办法》

6.《股份报价转让说明书必备内容（2009 年修订稿）》

7.《主办券商推荐中关村科技园区非上市股份有限公司股份进入证券公司

代办股份转让系统挂牌报价转让协议书（2009年修订稿）》

8.《主办券商尽职调查工作指引（2009年修订稿）》

9.《证券公司从事报价转让业务自律承诺书（2009年修订稿）》

10.《报价转让委托协议书（2009年修订稿）》

11.《报价转让特别风险揭示书（2009年修订稿）》

这些修订后的文件并没有做出太大的改动，在结构和内容上基本上保持了原型，只有《证券公司代办股份转让系统中关村科技园区非上市股份有限公司股份报价转让试点办法（暂行）》做出了较大的改动和调整，这是新规则制度变动的集中体现，也是其他文件进行调整的依据和基础。

二、新补充的操作性文件

1.《证券公司关于加强报价转让业务投资者管理自律承诺书（2009版）》

为了配合新试点办法中对投资者主体资格的限制，确保证券公司只为适合的投资者提供股份转让委托服务，并明确证券公司提醒投资者防范风险的义务，中国证券业协会发布了这个文件，以作为《证券公司从事报价转让业务自律承诺书（2009年修订稿）》的补充。

2.《主办券商推荐中关村科技园区非上市股份有限公司股份进入证券公司代办股权转让系统挂牌备案文件内容与格式指引》

原规则体系中并没有规定证券公司推荐园区公司挂牌所需备案文件的内容与格式，这就导致了一些备案文件格式不统一，内容也比较混乱，给审核带来一定的难度。而2009年新规则中发布的这一文件，详细规定了备案文件的内容、格式，有助于备案文件的统一，也为相关工作带来了便利。

3.《关于自然人投资者买卖中关村科技园区非上市股份有限公司挂牌股份的通知》

《证券公司代办股份转让系统中关村科技园区非上市股份有限公司股份报价转让试点办法（暂行）》的发布对投资者买卖股份做了限制，而新文件则进一步明确了对自然人投资者买卖园区挂牌公司股份的限制，同时也规定了主办券商的监督义务。

4.《证券公司代办股份转让系统中关村科技园区非上市公司股份报价转让登记结算业务指南》

该文件由中国证券登记结算有限责任公司公布，进一步明确了关于合并股份账户和A股账户的规定，详细说明了股份委托登记、解除限售、公司高管股份管理、权益分配、交易清算交收的程序和方法，规范了挂牌公司和主办券商办理股份报价转让登记结算业务的运作流程。

2

2009年规则体系的主要特点

2009年新三板业务规则是在新三板在中关村科技园区试点这一时期制定和发布的，符合特定时期的发展需求，也具有特定时期的印记和特点，而这些特点主要体现在三个方面：

一、规则体系比较完整

虽然是这新三板建立初期的第一套规则体系，但是这一体系的建立从整体来说还是比较完整的。体系中包括了《证券公司代办股份转让系统中关村科技园区非上市股份有限公司股份报价转让试点办法（暂行）》《主办券商推荐中关村科技园区非上市股份有限公司股份进入证券公司代办股份转让系统挂牌业务规则》等框架性的文件，较为详细完整地规定了中关村科技园区企业挂牌转让股份所涉及的主体、具体的操作程序和方法等，可操作性非常好。

与此同时，这一体系中还专门为园区企业挂牌、主办券商推荐、投资者交易发布了相应的配套操作性文件，有助于促进股份的转让和投资者的投资，从而减少交易纠纷，降低交易风险。新三板的框架性文件和配套操作性文件构成了新三板相对完整的规则体系，在试点时期，有效保证了新三板市场的良好运行，促进了新三板市场的发展。

二、法律层级仍然不高

新三板市场是从三板市场发展而来，其业务规则也在一定程度上受到三板市场业务规则的影响，最明显的就是业务规则法律层级不高。在业务规则体系中，发布新三板规范性文件的主体是中国证券业协会，而这个协会只是一个行业性自治组织，其发布的规范性文件从本质上来说也只是内部的自律性规范，并不具有正式的法律效力，业务规则体系相对而言，显得比较脆弱。

当新三板在中关村科技园区进行试点时，由于市场规模不大，企业的数量不是很多，中国证券业协会能够起到一定的监管作用。不过，随着新三板准备向全国高新区进行推广，市场规模和交易规模都在扩大，这些内部自律性文件就无法真正起到监管和约束作用，因此新三板向全国高新区进行推广首先要解决的问题就是提高新三板规则的法律层级。

三、规则内容相对比较完善

三板市场在发展中暴露了很大的问题，三板规则的缺点与漏洞也日益被放大，新三板在三板的基础上对这些缺点和漏洞进行了修订和完善，形成了符合自身发展的业务规则体系。新三板规则体系和三板规则相比，是比较完善的，不过仍旧存在很多瑕疵。

最明显的地方就是，新三板规则并未对挂牌公司的股东人数作出限制。在实际的转让交易过程中，中关村科技园区公司的股东人数往往会超过200人，而《证券法》明确规定发行证券累计超过200人的为公开发行，且公开发行需符合法律、行政法规的规定，并报国务院证券监督管理机构或者国务院授权的部门批准。

这就导致了一个难题，新三板挂牌公司的股份转让如果定义为公开发行，需采取核准的方式，这与新三板采取的备案制度相冲突；如果定义为不公开发行，一旦股东人数突破200人就与《证券法》的规定相冲突。这样的悖论表明了新三板规则体系仍然需要不断完善。

第三节　13年的规则体系

1
2013年规则体系的文件

随着全国中小企业股份转让系统的建立，相对于2009年的新三板规则，2013年新三板规则变得更加完善、更加合理。2013年2月8日，自全国中小企业股份转让系统发布了首批业务规则以来，随着市场的发展，全国中小企业股份转让系统渐渐形成了以《证券法》《公司法》《国务院关于全国中小企业股份转让系统有关问题的决定》等法律法规性文件为依据，以《非上市公众公司监督管理办法》《非上市公众公司收购管理办法》《非上市公众公司重大资产重组管理办法》等部门规章和行政规范性文件为基础，以市场层面业务规则为主体的相对完备的制度框架体系。

在这个规则体系中，主要规则文件可以分为两大类。

一、证监会发布的规范性文件

2013年12月26日发布的《非上市公众公司监督管理办法》。这个文件正式解除了新三板挂牌的地域限制，标志着全国中小企业股份转让系统扩大到全国的工作正式启动。

2014年6月23日发布的《非上市公众公司收购管理办法》。

2014年6月23日发布的《非上市公众公司重大资产重组管理办法》。

2013年1月4日发布的《非上市公众公司监管指引第1号——信息披露》。

2013年1月4日发布的《非上市公众公司监管指引第2号——申请文件》。

2013年1月4日发布的《非上市公众公司监管指引第3号——章程必备

条款》。

2013年12月26日发布的《非上市公众公司监管指引第4号——股东人数超过200人的为上市股份有限公司申请行政许可有关问题的审核指引》。

2013年12月26日发布的《中国证券监督管理委员会公告〔2013〕49号》。

2013年1月31日发布的《全国中小企业股份转让系统有限责任公司管理暂行办法》。

二、全国股份转让系统公司发布的业务规则、细则及指引

2013年2月8日发布的《全国中小企业股份转让系统业务规则（试行）》。

2013年2月8日发布的《全国中小企业股份转让系统主办券商推荐业务规定（试行）》。

2013年12月30日发布的《全国中小企业股份投资者适当性管理细则（试行）》。

2013年12月30日发布的《全国中小企业股份转让系统股票转让细则（试行）》。

2013年12月30日发布的《全国中小企业股份转让系统股票发行业务细则（试行）》。

2013年6月20号发布的《全国中小企业股份转让系统股票挂牌条件适用基本标准指引（试行）》。

2014年7月25日发布的《全国中小企业股份转让系统非上市公众公司重大资产重组业务指引（试行）》。

2013年2月8日发布的《全国中小企业股份转让系统挂牌公司信息披露细则（试行）》。

2014年6月5日发布的《全国中小企业股份转让系统做市商做市业务管理规定（试行）》。

2
2013 年规则体系建立的背景

2013 年，证监会制定了新的规则体系，原因就在于，2009 年的业务规则虽然比 2006 年的规则有了更多的调整和完善，不过仍旧存在很多缺陷，而这些缺陷导致市场对资金、股份公司、投资者的吸引力严重不足，最终限制了新三板的功能和作用。

1. 准入条件的约束

挂牌条件虽然并不高，不过对财务状况的要求比较高，而对于中小企业而言，财务状况通常都比较糟糕，这样就会有很大部分存在挂牌意愿的公司被排除在外。

2. 缺乏融资工具

2009 年的业务规则并没有真正解决融资困难的问题，新三板仍旧缺乏灵活多样的融资手段，融资工具的不够灵活，以及初始挂牌不融资、服务限售等融资政策都严重降低了股份公司的挂牌兴趣。

3. 交易方式受限

2009 年业务规则只有场外撮合的协议交易模式，主办券商作为一般性的中介，既不能参与挂牌公司股份的买卖做市，又不能发挥自身优势与潜能，更不能推进合理的市场定价和股份交易的活跃性。

4. 参与会场的群体受限

2009 年业务规则规定只有机构和原始自然人股东可以参与股份转让，自然人投资者被完全排除在外，这无疑限制了市场资金量和流动性。

5. 交易额度受限

2009 年业务规则规定交易最小单位为 3 万股，这极大地限制了市场交易的活跃程度。

6. 股东人数限制

业务规则规定了股东人数不得超过 200 人，这一隐性限制导致股份公司参与新三板挂牌积极性的下降。

7. 市场规模有限

2009 年业务规则规定新三板只在中关村科技园区试点，并没有向全国范围扩散，狭隘的地域范围严重阻碍了新三板的发展和壮大。

8. 转板途径未能打通

在 2009 年新三板的业务制度中，并没有提出转板制度，这样就使得大批投资者对新三板的兴趣大打折扣。

正是因为原有的规则体系存在漏洞和缺陷，导致新三板市场的扩展受到限制，在这样的情况下，为了进一步促进新三板的发展，实现新三板向全国范围内的扩容，新的规则体系最终应运而生。

3

2013 年新三板新规则的调整和创新体现在什么地方？

2013 年的新三板规则在 2009 年新三板规则体系的基础上作了调整、修订和补充，而这些调整和创新主要体现在以下几个方面：

一、拓宽和放松了挂牌条件

1. 原规则体系下的新三板被局限在高新技术园区的试点之中，而新规则体系下的新三板已经扩容至全国市场，市场规模得到了扩展。

2. 原规则体系下的股东人数设定为不能超过 200 人，而新规则规定，股东人数可以超过 200 人，也可以不超过 200 人。新规则规定申请挂牌公司的股东不受股东所有制的限制，拟挂牌公司的股东可以是国有企业、中外合资企业、中外合作企业、外商独资企业、合伙企业、有限责任公司、股份有限公司、个人企业的股东。

3. 原规则体系下要求挂牌公司"主营业务突出"，而新规则体系则调整为

"业务明确"，这就拓宽了公司业务的要求，解除了对各业务比例的限制，而股权明确清晰的要求则规定了拟挂牌公司从成立到申请挂牌期间的股权结构更加明晰，要求公司股权在多次转让中仍旧保持清晰明确、权属分明。

4. 原规则体系下公司申请挂牌需要获得省级人民政府出具的资格确认函，而新规则体系则撤销了这一条件。

二、强化公司的监管审查制度

1. 实行内核指定专业人员一票否决权，2013年新三板的规则体系规范了内核机构，规定每次项目小组申请召开的内核会议中，必须有7名以上内核机构成员出席，其中律师、注册会计师和行业专家至少各1名。而且明确了注册会计师、律师和行业专家的一票否决权，只要他们中有一人提出反对票，那么表决就无法通过。

2. 与2009年新三板规则体系相比，新规则规定主办券商的推荐以及持续督导义务，而且对持续督导的内容作了比较细致的规定，目的是保证企业挂牌后能够持续稳健运行，降低投资者的投资风险。

3. 规范了挂牌公司的信息披露制度，要求挂牌公司披露年报和半年报，且只有年报要求有证券期货从业资格的会计师事务所出具审计意见。此外，新规则规定挂牌公司安排董事会秘书或指定一名具有相关专业知识的人员负责信息披露管理事务，并向全国股份转让系统公司报备；主办券商审查拟披露的信息披露文件，履行持续督导职责；全国股份转让系统审查已披露的信息。

4.《全国中小企业股份转让系统业务规则（试行）》中增设了"公司治理"部分，明确规定要保障小股东权利、制定重大事项内部决策程序、保证公司独立性、规范年度报告的披露要求、实行股权激励等。而在《全国中小企业股份转让系统主办券商尽职调查工作指引（试行）》的尽职调查主要内容和方法中，更是强调了提升公司的持续经营能力和完善内部治理制度的重要性。

5. 新规则规定全国股份转让系统负责对挂牌文件进行审查，并出具审查意见，超过200名股东的申请，全国股份转让系统公司审查并出具同意挂牌的审查意见后，挂牌公司需要向证监会报批核准。

6. 扩大了终止股票挂牌的范围，包括证监会核准其首次公开发行股票申请，或证券交易所同意其股票上市；终止挂牌申请获得全国股份转让系统公司同意；未在规定期限内披露年度报告或半年度报告；主办券商与挂牌公司解除持续督导协议，挂牌公司未能在股票暂停转让之日起三个月内与其他主办券商签署持续督导协议；挂牌公司经清算组或管理人清算并注销公司登记；以及全国股份转让系统规定的其他情形。

三、健全投资者适当性管理制度

1. 原规则体系实施较为宽松的投资者准入标准，只是将股东除外的自然人投资者排除在外。而新规则体系下，实施了更为健全的投资者适当性管理制度，明确规定投资者参与挂牌公司股票公开转让等相关业务，应当熟悉全国股份转让系统相关规定，了解挂牌公司股票风险特征，具备一定的心理和生理承受能力、风险识别能力及风险控制能力。

2. 公司挂牌前的股东、通过定向发行持有公司股份的股东以及新规则发布前已经参与挂牌公司股票买卖的投资者，如果不符合参与挂牌公司股票公开转让条件，只能买卖其持有或曾持有的挂牌公司股票。

3. 此外，新规则要求机构投资者注册资本或实缴出资不低于500万元，像集合信托计划、证券公司资产管理计划、银行理财产品、证券投资基金等均可以参与全国股份转让系统挂牌的股票投资，而自然人投资者证券资产不低于500万元且有两年以上的证券投资经验。此举意味着着力将新三板打造成为以机构投资者为主体的股票交易场所。

四、推行更加合理的交易制度

1. 新规则体系在保留原规则体系下协议转让方式的基础上，增加了集合竞价方式，并引入做市商制度以及证监会批准的其他转让方式，改变了原先单一的交易方式。

2. 将交易申报最小数量从30000股调整为1000股。

3. 新规则明确规定不设涨跌幅。

4. 增加了除股票交易以外的新品种的交易，比如可转债、私募债。

5. 新规则更加突出"小额、快速、按需"的融资原则，且实行小额发行豁免和储架发行机制，定向发行上限人数除原股东外提升至35人。

五、探索转板机制

2013年12月16日，国务院发布《国务院关于全国中小企业股份转让系统有关问题的决定》，文件中首次明确了新三板转板机制的问题，这为转板制度的最终推出奠定了基础。

相比于2009年的新三板规则体系来说，2013年的新三板规则有了很大的进步和完善，尤其是一些创新性的调整更是为新三板的快速发展提供了强大的推动力。当然，2013年新三板规则体系也并非是十全十美的，很多地方仍然值得完善和调整，而这需要新三板在实际的发展和操作过程中慢慢去发现问题、解决问题。

第四节　现行制度的改革设想

1
完善合格投资者制度

自从全国股份转让系统上线以来，新三板市场的交易量有了明显的增加，不过仍然不够活跃，尤其是投资者参与的数量相对较少。比如自从2014年8月25日引入做市业务以来至当月月底，新开通全国股份转让系统交易权限的合格投资者一共397户，这一数据并不算差，但和其他资本市场的投资者相比，数量明显偏少。

造成这一情况的根本原因在于新三板市场对投资者尤其是机构投资者的限制，新三板的准入门槛规定证券类资产市值达到500万元的机构投资者才能够参与新三板投资，而个人投资者不仅要达到500万元的证券类资产要求，还必须具有两年以上证券投资经验，这样的限制比主板、中小板、创业板对个人投资者的限制要更加严格。新三板对机构投资者的看重，导致更多的个人投资者被排除在市场之外。

个人投资者也可以通过定向投资产品，绕道进入新三板市场，而且新三板也一直在积极引导和鼓励证券公司、基金公司等金融机构推出定向投资产品，来满足个人投资者参与新三板市场的需求。目前参与新三板市场投资的常见方式是认购资管产品，认购门槛通常只要100万元。

不过随着新三板的不断完善和成熟，随着投资者自判风险能力的提高，新三板应该降低现有的门槛设置标准，吸纳更多的中小投资机构和个人投资者进入市场，这样不仅能够带动市场的活跃，还体现了市场公平交易的原则。因此新三板改革的主要方向就是降低门槛，消除现有的准入门槛机制。

不仅如此，新三板市场需要进一步扩展投资者的范围，将来必须让所有符合规定的境外机构投资者和人民币合格境外机构投资者都参与新三板市场投资。对于一个全国性的证券交易场所，新三板的发展空间非常大，因此完善合格投资者制度是制度改革的重点，而这种改革需要一个渐进的过程。

2
信息披露与监管力度的进一步加强

新三板市场管理以信息披露为核心，遵循适度披露原则，强调客观信息披露，减少主观信息披露。通过市场化以及加强事前、事中和事后的监管，新三板努力构建一个诚信披露、理性投资的专业化机构市场。而信息披露能否达到"真实""规范"的要求，主要是依靠主办券商的终身持续督导制度来保障的。

不过随着新三板挂牌数量的急剧增加，主办人员素质偏低、企业规模偏小、准备材料人员不足、不熟悉运作规则的问题被放大，导致原有的信息披露制度难以满足发展的需求，弊端也日益暴露出来。比如关联交易和同业竞争问题并未充分披露，也没有得到申报与反馈，内核意见没有覆盖整个报告期，甚至出现说明书与审计报告等数据不一致、项目组签字人员和项目承做人员不一致之类的简单错误。

正因为这些问题的暴露，新三板在信息披露方面还需要加强和规范，也要进一步提升监管的力度，确保构建更加专业的市场，而这些改革需要各个部门共同参与进来。

首先，对于主办券商而言，需要进一步提高人员配备水平，需要重视股份转让公司对申报材料的反馈意见，要进一步学习和掌握相关业务规则、指引，重点抓好业务人员培训工作，加强对挂牌公司的辅导。全国股份转让系统公司也应当进一步创新监管方式，提高监管效率，今后应当对主办券商等中介机构做诚信记录，并进行公开披露，加强行业监督管理，以确保中介机构的可靠性，有效提升中介机构的整体素质和业务水平。

其次，证监会应该在新三板市场多做一些监管方面的探索和改革，比如实行注册制。而全国股份转让系统对风险警示的关键条件变成了"净资产为负"，这比主板、中小板、创业板的风险警示条件更加宽松，因此提升了经济环境变动所导致的业绩变化的弹性。

需要注意的是，全国股份转让系统应该在坚持市场化理念的同时加强监督管理，更多地发挥自律监管的作用，在整体风险可控的情况下，需要对存在信息披露违规、触犯市场底线的挂牌公司和相关市场主体采取自律监管措施，并向市场进行公告，确保其教育警示作用的实现。

在当前形势下，全国股份转让系统公司正在配合证监会有关部门抓紧建立完善非上市公众公司监管体系，努力构建以信息披露合规性监管为主线，以主办券商持续督导为抓手，以全国股份转让系统自律管理为核心，以派出机构事后查处为保障，以问责惩戒为制约的集中统一的监管体系。

3
完善退市制度

对于一个健康的资本市场来说，需要有更为宽泛的入市渠道，也需要有非常完善的退市机制，毕竟企业也要遵循发展规律，也具有特定的生命周期，当企业觉得自己不适合再继续在资本市场交易的时候，就会选择退出，而完善的、合理的退市通道非常有必要。

退市的情况分为两种，一种是主动退市，一种是被动退市。主动退市一般出现在那些股票和资产被其他公司、个人收购后的挂牌公司身上，这类挂牌公司会出于自愿而主动做出提出退市申请的决策。被动申请则是因为挂牌公司不再符合全国股份转让系统规定的持续挂牌条件而被监管当局终止上市，这是一种强制退市情形。

无论是主动退市还是被动退市，都需要一个完善退市机制来保障退市公司的权益，这也是维持资本市场稳定发展的前提。目前来说，新三板的主要退市标准部分借鉴了国外证券市场退市机制的成熟经验以及国内上市公司多年来积累的监管实践经验，退市标准相对而言比较宽松，主板市场更多关注上市公司过去的经营业绩，而新三板市场的退市标准更看重挂牌公司未来的成长性，只不过一些具体的退市标准仍旧需要细化和完善，确保退出全国股份转让系统的挂牌公司拥有更多个性化的选择。

比如在评估挂牌公司的成长性方面，应该将挂牌公司的价值判断重点放在企业的创新活力以及市场对这种创新活力的认可度上，新三板的退市标准应该严格规定挂牌公司的信息披露制度，而且需要实施更加广泛的财务信息失真的市场否决制度。

鉴于以上的要求，想要建立更加完善的新三板退市机制，就需要更多地借鉴国外一些成熟的创业板的经验，比如说美国的纳斯达克股票市场，它和新三板市场拥有很多的相似点和共性。新三板可以从参照纳斯达克的"一美元退市规则"，建立维持挂牌地位的最低标准，包括成交量、做市商数、最低报买价、股票价格等市场交易类综合性退市指标。一旦挂牌公司在一定期限内都低于某一最低标准，那么就直接退市。

此外，还需要结合我国主板市场、中小板市场以及创业板市场的现行退市标准，吸取主板退市规则设计缺陷的教训，一定要将监管规范类指标和市场交易类指标引入退市制度当中。

想要确保新三板的健康发展，就需要建立严格的、市场化的退市机制作为制度保障，而且还要将这种严格的退市机制与宽松的注册制发行机制进行对接，这样有助于提高新三板挂牌企业的质量，有助于完善我国多层次资本市场体系。

4
确保交易方式和分层制度的结合

依据《全国中小企业股份转让系统股票转让细则（试行）》的规定，全国股份转让系统并行实施协议转让、做市转让、竞价转让三种转让方式，挂牌公司只要符合相应的条件，就可以在三种转让方式中任意选一种作为其股票的转让方式。转让方式和交易方式的多样化、灵活化有助于激活市场的交易量。

不过并不是所有的企业都适合这三种转让方式，也不是所有的企业都能够随意在这三种转让方式中灵活运作，具体的转让方式需要符合挂牌企业的实际情况。而且随着新三板的发展和市场的不断扩容，现在已经呈现出创业期、成长期的中小微企业和成熟企业并存的现状，不同的挂牌公司在股本规模、盈利能力、行业分布等状况方面存在很大的差异，这些差异的存在凸显出了新三板市场的结构性问题。

现行的统一制度不能满足不同类型企业的发展需求，新三板迫切需要完善自身的制度建设，要建立起一个结合企业特点、市场评价、信息披露等多维度制度安排的新三板市场分层体系。而市场分层制度必须和交易方式结合起来，比如在新三板市场内，一些优质的企业，竞争能力强，生存的空间也大一些，这时就可以像上市公司一样实行竞价制度。一些资质居中，发展状况还不错的企业，最重要的就是解决股票流动性的问题，因此可以选择做市商制度。而资质不好，发展情况相对糟糕的企业，在新三板市场上面临的风险很大，无论是竞价制度还是做市商制度都不适合，最好还是选择协议转让的成交方式，从而有效规避转让交易中的风险。不同层次的企业，可以选择不同的交易方式，这样就能够适应不同类型、不同规模、不同层次的企业的实际经营情况。

不仅如此，经运营管理机构同意，挂牌股票还可以转换转让方式，比如当公司的相关指标满足或者达不到某一标准，就可以在这三种交易方式中进行切换。分层制度的推出以及与交易制度的结合将是改革的重点目标之一，它可以更好地发挥市场功能，吸收不同层次的企业进入新三板，还能够有效提升市场的流动性。

PART THREE 第 三 章
新三板挂牌

第一节　企业挂牌新三板的背景和重要性

1
中小企业挂牌新三板的背景

改革开放之后，我国经过 30 多年的发展，经济取得了很大的发展，但是由于经济结构和制度不完善，发展过程中遗留了很多制约经济持续健康发展的重大问题，其中比较明显的就是"两多两难"的问题。

所谓"两多两难"具体来说就是指民间资金多、投资难，中小企业多、融资难，这是制约中小企业发展壮大的重大问题。而中小企业是我国经济中不可或缺的一个组成部分，对我国经济的发展起到了重要的作用，比如中小企业仅仅在工商部门注册的就有 1400 万家之多，这占据了中国企业总数的 99%，而且还不包括一些未注册的小企业和微型企业。而且在很长一段时间内，中小企业的产值在我国国内生产总值中占据了 50% 以上，甚至一度达到了总产值的 65%。

不仅如此，作为一个人口大国和消费大国，中国的就业问题直接关乎国家的稳定和经济的发展，而中小企业承载了 80% 的城镇就业人口。尽管发展规模不大，竞争力相对于大型企业来说相对偏弱，可是中小企业却创造了 74% 以上的技术创新和 82% 以上的新产品开发，是我国自主创新的主要来源。

鉴于中小企业在经济结构、经济发展中的地位非常重要，促进中小企业的发展应该成为经济改革和经济发展工作的重要任务之一，而中小企业在发展过程中遇到的融资困难的问题，显然制约了其进一步发展，对国家经济建设的影响很大。

在这样的大背景下，国家着手打造一个针对中小企业融资的平台，而新三板为解决中小企业融资难的问题提供了很大的帮助。中小企业资产规模小、资金需求大、收益和风险较高，而新三板具有挂牌门槛低、融资便利以及拥有专业的金融机构等特点，刚好迎合了中小企业的特征和发展需求，因此挂牌新三板渐渐成为中小企业的一个重要选择。

2
挂牌新三板对企业的重要意义

从发展的角度来说，新三板就是专门针对中小企业在发展中遇到的问题而建立的，它和中小企业的契合度很高，而挂牌新三板对于中小企业来说意义重大且影响深远，它能够为中小企业的发展带来很多好处。

1. 融资更加便利

中小微企业面临的最大问题就是融资渠道狭窄，而新三板"小额、快速、按需"的融资模式符合中小企业的需求。在新三板挂牌上市后，企业可以充分利用资本市场的融资功能，利用股权融资、债券融资、定向增发等多种方式进行融资，从而有效提升资产价值。

2. 增强了股份流动性

企业在新三板挂牌后，就成为了公众公司，开始享有全国性的证券化公开交易平台，股东股份可以合法转让，而且具有竞价转让、协议转让、做市转让三种交易方式以及切换模式的设置，这样就提高了股权流动性。此外，挂牌公司的股票可以在全国股份转让系统公开转让，既为外部的投资者提供了进入渠道，也为公司股东、离职高管以及创投、风投等金融机构提供退出渠道。

3. 树立企业品牌，提升企业形象

任何一家企业想要提升自己的品牌和形象，就需要通过口碑传播、广告宣传以及营销策划等三种方式，而新三板挂牌具有非常好的传播效应。首先挂牌新三板，就证明了中小微企业的成长性、发展潜力和市场前景得到了证券部门以及资本市场的认可，这种认可能够为企业带来光环效应，使它们脱颖而出，从而快速引起市场的关注。

其次，挂牌后，公司每日公布的行情和宣传广告会得到投资者的关注，这是非常好的宣传；而媒体对挂牌公司的业务拓展、资本运作的报道也会吸引投资者的注意，而机构投资者和证券分析师的实时调查、评估以及分析也会挖掘出企业潜在的价值。

4. 完善治理结构，实现规范发展

规范的公司治理是中小企业获取金融服务的基础和前提，因此中小微企业在申请新三板挂牌前，主办券商、律师事务所、会计师事务所等专业中介机构会帮助挂牌企业依法理顺产权关系，规范纳税行为，完善公司治理并建立现代企业制度。

企业挂牌后存在退市和被并购的风险，这样就会促使企业高管人员勤勉尽责、诚实守信，并促进企业持续规范发展。中小微企业上市后建立的以股权为核心的、完善的激励机制，有助于留住核心人员，为企业的长期稳定发展奠定基础。

5. 实现转板上市

从长远的发展来看，企业应该进入资本市场接受洗礼和考验，而上市是最佳的考验方式，相对而言，上市公司是经过资本市场认可的优秀企业。而对于中小微企业来说，挂牌新三板有助于解决制约其发展的最大问题——融资困难，而顺利融资的企业会有着更好的发展前景，并很有可能慢慢做大，或者成为成熟企业，最终符合上市条件，而申请转板上市，这样就可以更好地放大融资功能，依托更大的资本市场去发展。

6. 信用增进

公司挂牌新三板后，会作为公众公司被纳入证监会统一监督，履行充分、及时、完整的信息披露义务，这样会提升公司的信用度，新老客户的信赖度也会得到提升，方便企业开拓市场和提升销售业绩。此外，在直接获取融资的时候，通过信用评级以及市场化定价进行股权质押，从而顺利获取银行贷款。

挂牌新三板能够为企业的发展创造更大的助力，提供更多的机会，因此希望符合条件的中小企业都能够参与到新三板市场当中来，不过新三板市场并不是十全十美且毫无风险的，对企业来说，新三板同样会带来一些负面的、消极的影响。

首先，登陆新三板意味着企业进入资本市场，而资本市场自有一套游戏规则，中小企业进入新三板就需要遵从这些规则，并承担股价波动带来的市场风险。

其次，当企业挂牌新三板后就会暴露在公众面前，来自各方的监管力度会明显提升，面临的社会压力会增加，而且挂牌企业需要承担信息披露方面的责任。更重要的是，成为公众公司之后，企业的一举一动和信息资料可能暴露在竞争对手面前，从而增加竞争风险。

第三，挂牌后，公司需要处理与原始股东的关系，还要处理好与投资者的关系，尤其是股份实现流通之后，企业的经营决策直接会影响投资者的判断，一旦出现问题，就会影响挂牌公司的股价。

第四，挂牌的成本和费用也是企业一笔不小的负担，虽然相比主板市场而言，企业挂牌新三板的成本费用并不算高，而且还能够得到政府的资金扶持和补贴，但是余下的那些费用以及每年产生的大约20万元左右的后续费用，对挂牌企业都是一笔不小的开支。尤其是对一些经营管理不善，发展状况不好的企业来说，更是一个不小的财政负担。

第二节　申请新三板挂牌的条件和费用

1
什么样的企业适合上新三板

最近几年，企业挂牌新三板成为了资本市场最火爆的话题之一，而企业对新三板的看重实际上衍生出了一个最基础的话题：什么样的企业才适合上新三板？其实在新三板发展的不同阶段，往往对拟挂牌企业有着不同的规定和限制。

比如在中关村试点阶段，只有中关村科技园区的一些高新技术企业能够登录新三板，当试点扩大至武汉、南京和上海的时候，这四个地区科技园区中的创新型、成长性高新企业成为了新三板的选择。随着新三板向全国范围扩容，新三板渐渐消除了企业的地域限制和产业、行业、性质的限制，只要符合挂牌条件的企业都可以申请挂牌新三板。

虽然新三板并未对挂牌企业的行业、类型、性质多作限制，不过根据我国当前经济发展的需要和基本情况，一些符合国家鼓励推荐的行业企业以及企业类型往往更具有挂牌优势，它们无疑更加适合挂牌新三板。

符合国家战略性新兴产业方向的行业主要包括新能源、新材料行业；信息技术行业；生物与新医药行业；节能环保、航空航天行业；海洋、先进制造行业、高新技术服务行业。而国家鼓励推荐的企业类型包括具有知识产权的企业；知识产权已经转化为产品、实现了产业化的企业；公司已经形成一定的经营模式和盈利模式的企业；公司处于创业快速增长期的企业。从实际情况来看，创新型、成长型、创业型的高新技术企业更加适合新三板。

而从挂牌公司的布局以及类型来看，适合进入新三板的企业通常具备一些特征，比如不符合主板、中小企业板或创业板条件，或者条件符合却不愿意花费大量时间排队上市；具有小规模生产功能，却需要融资来实现规模化生产需求；资金短缺、市场份额不足，发展遇到瓶颈，渴望树立企业形象，实现快速发展；缺乏稳定的盈利模式，希望通过新三板来谋取与企业运营有关的附加值；具有创新业务模式，需要提升品牌和估值水平；在财务、管理、业务方面存在障碍；财务投资者持股比例大，且有较大退出意愿；希望借助资本市场的力量，实现跨越式发展。

将这些特征进一步进行概括和总结，就可以更好地对挂牌企业进行分类。

从企业发展阶段来看，新三板适合初创期及发展瓶颈期的中小企业。初创期的企业规模小，经营风险大，融资困难，急需获得更多的融资和关注。而处于发展瓶颈期的企业虽然有了一定规模和市场地位，但企业的进一步发展受到限制，企业需要更多的资金来实现扩张，需要更加规范化的平台来实现转型。

从企业类型来看，新三板更加适合致力于开拓战略新兴产业且具有核心竞争力、创新能力强的企业。这类企业拥有良好的发展前景，关注度和市场预期较高，投资者的投资意愿比较大。

从企业现阶段融资需求来看，新三板适合暂时不需要大额融资的企业。这类企业发展稳定，具备一定的盈利能力，主要是希望借助资本市场的平台来提升公司的品牌价值。

从资本的运作来看，由于新三板挂牌企业可以实现转板上市，因此新三板适合未来2~3年有上市计划的企业。这类企业发展状况良好，盈利突出，符合上市条件，需要借助新三板来提前熟悉和适应资本市场，需要通过新三板来规范公司的治理结构。

2

挂牌的条件

企业挂牌新三板的限制很少，挂牌门槛也相对较低，不过拟挂牌企业想要申请挂牌新三板，还是应该满足一些最基本的挂牌条件。根据《全国中小企业股份转让系统业务规则（试行）》的规定，股份有限公司申请股票在全国股份转让系统挂牌，不受股东所有制性质的限制，不限于高新技术企业，只需要符合以下6个条件即可：

1. 依法设立且存续满两年，有限责任公司按原账面净资产折股整体变更为股份有限公司的，存续时间可以从有限责任公司成立之日起计算

所谓依法设立指的就是公司依据《公司法》等法律、法规及规章的规定向公司登记机关申请设立登记，并已经取得《企业法人营业执照》。具体来说，公司设立的主体及程序要合法、合规；公司股东的出资要合法、合规，出资方式及比例应该符合《公司法》相关规定。

存续满两年指的是存续时间满两个会计年度，按照《会计法》的规定，会

计年度是指自公历 1 月 1 日起至 12 月 31 日止，两个完整的会计年度指的就是两个完整的自然年度。有限责任公司按照原账面净资产折股整体变更为股份有限公司的，存续时间可以从有限责任公司成立之日起开始计算。

2. 业务明确，具有持续经营能力

业务明确指的是公司能够明确、具体地阐述其经营的业务、产品或服务、用途及其商业模式等信息。业务明确并不是指单一的经营模式，公司可以同时经营一种或多种业务，每种业务都应该具有相应的关键资源要素，而且该要素组成应该具有投入、处理、产出能力，能够与商业合同、收入或成本费用等相匹配。

持续经营能力是指公司基于报告期内的生产经营状况，在可预见的将来，有能力按照既定目标持续经营下去。

3. 公司治理机制健全，合法规范经营

公司治理机制健全是指公司按规定建立股东大会、董事会、监事会和高级管理层组成的公司治理架构，制定相应的公司治理制度，并能证明有效地运行，保护公司和股东权益。

合法规范经营是指公司及其控股股东、实际控制人、董事、监事、高级管理人员须依法开展经营活动，做到经营行为合法、合规，不存在重大违法违规行为。

4. 股权明晰，股票发行和转让行为合法合规

股权明晰是指公司的股权结构清晰，权属分明，真实确定，合法合规，股东特别是控股股东、实际控制人及其关联股东或实际支配的股东持有公司的股份不存在权属争议或潜在纠纷。

股票发行和转让合法合规是指公司的股票发行和转让依法履行必须符合内部决议、外部审批程序，股票转让须符合限售的规定。

5. 主办券商推荐并持续督导

公司须经主办券商推荐，双方签署了《推荐挂牌并持续督导协议》；主办券商应完成尽职调查和内核程序，对公司是否符合挂牌条件发表独立意见，并出具推荐报告。

6. 全国股份转让系统公司要求的其他条件

此项条件并不是相关法律法规中明文规定的事项，而是参照主板和创业板

的相关规定，提出一些主要的关注点，包括拟挂牌公司所在的行业及公司的竞争优势、发展空间；拟挂牌公司的独立性；关联交易和同业竞争问题；报告期内拟挂牌公司的对外投资、重大资产变化情况需履行相关内部决策程序，涉及外资和国资的资产须履行相关行政审批程序；拟挂牌公司主要财产的权属及其合法性；股份公司的环境保护和产品质量、技术等标准情况；股份公司的税务情况；劳动用工和社会保险情况；信息披露应做到真实、准确、及时、完整。

3

挂牌新三板的成本及费用

新三板的准入门槛比较低，但是挂牌企业仍然需要支付一笔不小的挂牌开支费用，这些费用包括企业申请挂牌新三板的费用以及挂牌新三板之后每年所要缴纳的费用。

企业申请挂牌新三板的费用主要包括三个方面：

1. 中介机构费用，主要包括主办券商推荐挂牌服务费、会计师审计及验资费用、资产费用、律师服务费用等。具体来说，中介机构的费用大约为160万~200万元之间（2014年以前为130~150万元）。

2. 全国股份转让系统公司费用，比如初始挂牌费、信息披露费。全国股份转让系统公司的挂牌收费标准为：总股本2000万股及其以下，收取3万元；总股本2000万~5000万股，收取5万元；5000万~1亿股，收取8万元；1亿股以上，收取10万元，这是一次性收取的。

3. 中国证券登记结算有限公司股票登记费用，中国证券登记结算有限公司一般要一次性收取5000~10000元的股票登记费。

企业在新三板挂牌成功后，还需要缴纳年费，这些年费主要包括：

1. 主办券商持续督导费用。根据新三板相关监管机构的要求，公司在新三板挂牌后必须由主办券商进行持续督导，以不断提升公司规范运营水平。相关的费用在会计师事务所出具年度审计报告后予以支付。

2. 年度审计费用。挂牌后须由具备证券从业资质的会计师事务所进行年度审计，相关费用在会计师事务所出具年度审计报告后予以支付。

3. 全国股份转让系统公司挂牌年费。全国股份转让系统公司的挂牌年费标准为：总股本2000万及其以下，收取2万元；2000万~5000万股，收3万元；5000万~1亿股，收4万元；1亿股以上，收5万元，这个费用是按年收取的。

第三节　挂牌前的股份制改造

1
挂牌前企业进行股份制改造的必要性

根据《全国中小企业股份转让系统业务规则（试行）》的规定，股份有限公司申请股票在全国股份转让系统挂牌，需要满足"依法设立且存续满两年"的基本条件，而且有限责任公司按原账面净资产折股整体变更为股份有限公司的，存续时间可以从有限责任公司成立之日起计算，这里明确规定了挂牌前的企业必须是股份有限公司。

通常情况下，股份制改造和中小企业的发展历程有关，中小企业在初创期会选择"有限责任公司"作为公司的组织形式，而一旦中小企业获得快速发展，或者进入成熟期，并且想要进入资本市场接受考验，拟挂牌企业需要转变公司的组织形式，公司本身、公司股东、公司高级管理人员权利义务也需要进行相应的变更，以便能够构建规范的现代化治理结构。那么公司的组织形式从"有限责任公司"转变为"股份有限公司"就成为一个基本要求。

从实际情况来看，股份有限公司比有限责任公司更具优势。首先，在资本市场上，股份有限公司的筹资能力要更强，因为股份公司对股东人数没有上限要求，可以公开对外募集资金，广泛聚集社会闲散资金形成资本。而且股份公司可以自由对外转让股份，退出机制比较完善，能够解除投资者的后顾之忧，从而有助于吸引更多的投资资本。

其次，股份有限公司的组织结构更加符合现代企业制度的要求，法人治理结构更加完善和规范，法律法规也相对严格。一个更加完善的治理结构，对于企业在基本市场的发展有很大的帮助。

第三，企业如果想要上市，那么必须要进行股份制改造，因为根据《首次公开发行股票并上市管理办法》（证监会令第32号）规定，只有股份有限公司的股票才能发行上市，如果企业想要上市发行股票，就一定要先进行股份制改造。

综合以上这些因素，股份制改造成为了企业登陆新三板之前必须要完成的一个环节，它是企业进入资本市场的前提，也是企业从私人公司变成公众公司的必经过程。

2
股份制改造的方式有哪些

新三板拟挂牌公司绝大多数都是有限责任公司，而非股份有限公司的企业经过改造，依法转变为股份有限公司，通常采用两种股改方式：

1. 发起设立新股份有限公司

这种方式又被称为"重新设立"，是将有限责任公司所有资产净值折合成股份，重新设立股份有限公司，有限公司作为主要发起人，与其他发起人共同发起设立股份有限公司，股份有限公司成立后，有限公司仅成为其股东之一。重新设立改制是发起设立股份有限公司的一种特殊方式，并不仅仅是企业组织形式发生变化。重新设立改制的时候，应当办理原企业的注销登记以及股份有限公司的新设登记，企业还应当对债权人、债务人及时发出通知和公告，并取得债权人的同意。如果原企业不符合重新设立所规定的相关条件，应该在改制的时候及早解决。

此外，作为新设立的股份有限公司，其存续时间和业绩只能从股份有限公司成立之日开始算起，而且因为要符合"存续满两年"的基本条件，挂牌企业必须要两年后才能上正式登陆新三板，因此，这种方法在实际的股份改制中很少被使用。

2. 有限公司整体折股变更

有限公司的全体股东作为发起人（发起人为二人以上，其中半数以上要在中国境内有住所），以有限公司原账面净资产值折股，整体变更为股份有限公司。其实质是公司生产经营的延续，原有限责任公司股东即为股份有限公司的股东。

按照《全国中小企业股份转让系统业务规则（试行）》的规定，有限责任公司按原账面净资产值折股整体变更为股份有限公司的，存续期间可以从有限责任公司成立之日起计算。通过有限公司整体折股的方式进行股份制改造，基本都能符合"存续满两年"的条件，因此拟挂牌的公司基本上都采用这种股改方式。

3
股份有限公司设立的条件和要求

有限责任公司进行股份制改造，依法转变为股份有限公司，必须满足一定的条件。其中《公司法》明确规定"有限责任公司变更为股份有限公司，应当符合本法规定的股份有限公司的条件。"而设立股份有限公司的条件包括以下几个方面：

1. 发起人应当有 2 人以上 200 人以下，而且过半数须在中国境内有住所。

2. 发起人认缴和社会公开募集的股本有符合公司章程规定的全体发起人认购的股本总额或者募集的实收股本总额。

3. 股份发行、筹办事项合法。发起人必须按照规定申报文件，承担筹办事务。

4. 发起人应该依据《公司法》《上市公司章程指引》的要求制定章程草案并提交创立大会表决通过。

5. 拟设立的股份有限公司应当按照工商登记的要求确定公司名称，并建立股东大会、董事会、监事会以及经理等组织机构。

6. 有固定的生产经营场所和必要的生产经营条件。

除了要满足设立的条件之外，不论企业采取何种方式设立股份有限公司，都应该达到一些基本要求：

1. 具有清晰的业务发展战略目标，企业的发展有一个明确的规划。

2. 具有完整的业务体系和直接面向市场独立经营的能力，做到资产完整、人员独立、财务独立、机构独立、业务独立。

3. 主营业务突出，具备核心竞争力和持续发展的能力。

4. 拥有相对完善的公司治理结构，打造股东大会、董事会、监事会以及高级管理层的规范运作体系。

5. 建立起健全的财务会计制度，而且要按照《企业财务会计报告条例》《企业会计制度》和《企业会计准则》等法规、规章的要求进行会计核算。

6. 具备健全有效的内部控制制度，保证财务报告的可靠性、生产经营的合法性和营运的效率与效果。

7. 产权清晰明确，不存在法律障碍。

8. 尽量避免同业竞争，减少和规范关联交易。

4

股份制改造的基本流程

股份改造的方式有两种，而在实践中，拟挂牌公司都会选择以整体折股变更改造为股份有限公司的方法来实现股份制改造，而这种方式的流程主要分为以下几个步骤：

1. 遴选包括主办券商、律师事务所以及注册会计事务所在内的中介机构。

2. 召开两会，通过股改决议，成立改制小组或改制机构。董事会依据《公司法》的规定，制定变更公司形式的决议，没有设置董事会的公司，由执行董事制定决议，并提交股东会审议通过。然后设立改制小组或改制机构来推进改制工作，做好挂牌前最后的准备工作。

3. 律师事务所和会计师事务所调查企业的经营情况，为提出改制方案做好充分的准备。尽职调查的工作事项主要包括：调查企业的工商登记情况、股权结构、管理结构、企业制度、诉讼与纠纷；详细调查企业的资产负债和现金流量等财务状况；评估企业的有形资产、无形资产。

4. 股改方案提交股东会审议通过，股东大会重点审查股改方案的可行性及投入股份公司的资产明细、资产折股方案、股东认股方案、业务重组方案、知识产权处置方案、股份特殊安排等内容。

5. 全体股东作为发起人，制定并签署发起人协议，内容包括：发起人的基本情况、拟设立公司的名称和住所、经营范围、股本总额、各发起人认购的股份份额、各发起人的权利与义务，公司筹办事宜、违约责任、协议的修改与终止以及其他应载入的内容。

6. 公司需要聘请会计师事务所对公司的财务状况出具专业审计报告，并由评估机构对公司非货币资产出具资产评估报告。

7. 公司将在律师事务所等中介机构的协助下，制定《股份有限公司章程（草案）》《改制可行性研究报告》《股东会关于公司改制的决议》《发起人框架协议》《企业改制总体设计方案》等文件，等待创立大会通过。

8. 原有限公司股东将所持股权整体折股后注入股份有限公司，由验资机构出具验资证明。折股改制由会计师事务所验资，并出具验资报告；实物或知识产权出资，应办理产权转移手续，验资并出具验资报告；吸收新的股东增加注册资本时，企业应当设立验资账户，发起人应出资认缴股份。

9. 召开创立大会，全体认股人参加会议，决定是否设立公司并决定公司设立过程中以及公司成立之后的重大事项。公司通常在股款缴足30日内主持召开创立大会，决议事项包括：审议发起人关于公司筹办情况的报告；通过章程；选举董事会、监事会成员；审核设立费用。需要注意的是，决议必须经出席会议的认股人所持表决权的半数以上通过。

10. 董事会创立大会结束后 30 日之内，向工商行政管理部门申请办理变更登记手续。

5
股份制改造所涉及的问题

公司在改制的过程中，会涉及一些重要问题，而对于这些问题，一定要进一步进行明确。

首先是改制工作小组的成员和工作，作为企业改制的组织者，改制工作小组通常由董事长或董事会秘书牵头，主要成员包括公司生产、技术、财务等方面的负责人。而改制小组的职责主要在于企业内部的部门协调和资源调配、企业外部的股东引入和中介联络、改制文件的起草和报备等。此外，改制小组需要安排临时会议讨论在改制工作中遇到的需要进行商讨的问题，有必要的话还需要提请董事会决定。

其次是发起人的确认，一般情况下，发起人确认的方式分为三种：公司以全部净资产进行折股改制，即原股东共同签署发起人协议书；现有股东转让部分股权，引入新的股东作为发起人，对公司股权结构进行改组；增加注册资本、增发股份，联系合适的发起人，可以借机引入战略投资者或风险投资者。而在确定发起人的具体人选时，依据法律法规，自然人、一般法人和外商投资企业都可以作为股份有限公司的发起人。

1. 自然人作为发起人，需要具有完全民事行为能力，能够独立承担民事责任。

2. 一般法人作为发起人常常和营利性质相适应，像工会、国家拨款的大学、职工持股会、证券公司、中介机构、银行等组织不能作为发起人，而一些试行企业化经营、国家不再核拨经费的事业单位以及从事经营活动的科技型社会团体，具备法人条件的，也应当先办理企业法人登记，之后才能成为发起人。

3. 外商投资企业作为公司发起人时，必须是经过登记管理机关核准登记、领取《中华人民共和国营业执照》，且认缴出资额已经缴足、已经完成原审批项目、已经开始缴纳企业所得税的中外合资经营企业、中外合作经营企业和外商独资企业。

另外，如果是国家鼓励外商直接投资的行业，外商企业作为发起人所占股本比例不受限制；如果属于限制外商控股或仅限于外商合资、合作的行业，外商投资企业不得违反该限制的规定；如果属于国家禁止外商进行投资企业，外商投资企业不得作为公司发起人；如果外商投资企业以公司作为组织形式，向其他公司投资时，依照公司章程的规定，由董事会或股东会、股东大会决议；公司章程对投资总额及单项投资的数额有限额规定的，不得超过规定的限额。

第三是改制方案的拟订和认可，企业改制方案中涉及的股份公司注册资本额、调整后的股权结构、发起人出资方式及缴付时间、发起人职责分工等基本问题，必须取得全部发起人的一致认可。改制方案拟定的基础为《发起人框架协议》，而且应该尽量详细描述企业改制涉及的权益分配，确保发起人的切身利益。

第四是办理变更登记，依据《中华人民共和国公司登记管理条例》（2014修订）第三十三条规定："公司变更类型的，应当按照拟变更的公司类型的设立条件，在规定的期限内向公司登记机关申请变更登记，并提交有关文件。"此外，《公司法》明确要求设立股份有限公司需要提交公司登记申请书，创立大会会议记录，公司章程，验资证明，法定代表人、董事、监事的任职文件及其身份证明，发起人的法人资格证明或者自然人身份证明，公司住所证明等文件。

最后则是改制完成后的治理结构优化问题，完成变更登记表明股份有限公司的正式确立，不过这并不意味着改制工作的结束，在完成改制程序后，公司还需要继续完善董事会、监事会、股东大会制度，设立审计委员会、薪酬委员会等专业委员会，设置董事会秘书，主动引入独立董事，实现从有限公司到股份有限公司的平稳过渡。

第四节　企业申请挂牌新三板的工作流程

1
挂牌的基本流程

当企业决心进入新三板，并且做好了相应的准备工作之后，就可以正式启动申请新三板挂牌的相关工作了，而申请挂牌的企业通常要经历以下这些挂牌流程。

1. 在公司内部成立新三板挂牌领导小组

在新三板挂牌过程中，公司应该成立挂牌领导小组，由董事长或总经理担任组长，还要选定不同事务的负责人，包括专门协助中介机构在法律业务方面进行尽职调查工作的负责人（负责人可以是董事长秘书以及生产、运营、管理方面的主管）；专门协助中介机构进行审计和财务方面相关尽职调查工作的负责人（负责人通常为公司的财务总监）；专门协调各类政府关系的负责人。上述负责人可以是一人担任，也可多人担任，不过由于财务总监在财务和审计的尽职调查配合工作方面，需要投入大量精力，因此不建议财务总监担任其他事务的负责人。

2. 与中介机构签订协议并开展全面尽职调查工作

企业选定中介机构后，应该与其签订协议，明确各方权利和义务。接着，中介机构向企业提出尽职调查的相关清单，并建立起一个完整的资料库，对提供中介机构的所有文件进行存档。这样就方便资料的备份，也可以为衡量中介机构是否勤勉尽责提供依据，以便在对外报送披露文件出现问题时分清责任。

此外，公司为中介机构提供资料时，要安排相关事项负责人进行审批，以确保提供材料的真实、准确和完整性，也确保信息披露的真实和准确。

3. 规范公司治理、财务内控机制、解决各类问题

新三板想要顺利挂牌，一定会努力完善自身的治理、财务内控制度，而中介机构通过尽职调查，也可以了解公司的治理、业务、财务、资产状况，从而逐步帮助公司规范治理、完善财务内控、发现并解决各类问题，有助于帮助企业顺利登陆新三板。

4. 通过股份制改造成立股份公司

企业如果想要进入资本市场，或者说想要上市，那么就有必要进行股份制改造，将原来的有限责任公司转变为股份有限公司，从而迎合资本市场的需求，为企业进入资本市场奠定基础。

依据《公司登记管理条例》第21条规定，设立股份有限公司，应当由董事会向公司登记机关申请设立登记，并提交相关文件。以募集方式设立股份有限公司的，应当于创立大会结束后30日内向登记机关申请设立登记，并提交相关文件。

改制的过程包括遴选中介机构；召开两会，通过股改决议并成立改制小组或改制机构；中介机构尽职调查；股改方案提交股东会审议通过，全体股东制定并签署发起人协议；审计与资产评估；制作改制文件；办理注资及验资手续；召开创立大会；办理工商登记或变更手续。

5. 准备并向全国股份转让系统公司提交挂牌文件

企业在新三板挂牌，需要制作申请文件，而且企业和中介机构都要认真对待，毕竟申请文件一经接收，就不能随意撤销和更改，如果存在瑕疵或者披露信息不符合"真实、准确、完整"的要求，可能会造成挂牌失败，企业和相关负责人也会受到政府主管部门的处罚，企业形象会受损，这对日后的资本运作非常不利。

6. 全国股份转让系统公司审查材料、问题反馈、出具同意挂牌的意见

主办券商的项目人员将公司的介绍信和制作好的申请文件一并上交到全国股份转让系统公司，全国股份转让系统公司会派专人对申请材料进行审阅，接受符合条件的材料并出具材料受理的证明，对于不符合条件的材料，则会指出其中的问题，等到问题完善修改后再提交。全国股份转让系统公司受理材料后对其有关财务以及非财务方面审查，并将反馈意见发给主办券商。主办券商和

其他中介机构根据反馈意见提出的问题进行补充的核查，起草回复文件，修订申请文件，这种反馈通常都会有好几轮。

7. 股东人数超过 200 人时，中国证监会出具核准文件

股票股东人数未超过 200 人的股份有限公司，或者挂牌公司向特定对象发出行政权后证券持有人累计不超过 200 人的，全国股份转让系统公司受理相关材料并进行审查即可。股东人数超过 200 人的股份有限公司，申请挂牌新三板需要向中国证监会提出申请，得到核准后，可以按照本业务规则的规定向全国股份转让系统公司申请挂牌。

8. 挂牌前的信息披露以及初始股份登记手续

得到全国股份转让系统公司同意挂牌的通知后，挂牌企业及主办券商需要向全国股份转让系统公司报送申请挂牌文件与《证券简称和代码申请书》，以便取得证券简称和代码；根据全国股份转让系统公司发送的《缴费通知单》来缴纳挂牌初费和当年年费，并领取相关的文件（服务窗口领取全国股份转让系统公司出具的同意挂牌的函；在财务管理部领取缴费发票；在挂牌企业部领取《关于证券简称及证券代码的通知》，提交《信息披露业务流转表》《主办券商办理股份公司股票挂牌进度计划表》；在公司业务部领取股票初始登记明细表）。

同时，应当办理信息披露及股份初始登记，信息披露包括挂牌前首次信息披露、股份初始登记和挂牌前第二次信息披露。取得证券简称和代码的当日，申请挂牌公司及主办券商向深圳证券信息公司报送首次信息披露文件，第二个工作日或之前，相关文件在全国股份转让系统指定信息披露平台披露。

申请挂牌公司和主办券商在取得证券简称和代码的第二个工作日之前前往中国证券登记结算有限公司北京分公司办理股份初始登记，内容包括主办券商协助申请挂牌公司股东开立账户；申请挂牌公司与中国结算北京分公司签署《股份登记及服务协议》；申请挂牌公司向中国结算北京分公司提交《股份申请登记书》；中国结算北京分公司出具《股份登记确认书》。

申请挂牌公司及主办券商取得《股份登记确认书》后，向全国股份转让系统公司挂牌业务部报送《股份登记确认书》《股票公开转让记录表》《信息披露业务流转表》等文件的原件或扫描件、传真件，确定挂牌日期，办理挂牌前第二次信息披露事宜。申请挂牌企业及主办券商在 T-2 日或之前，报送信息

披露文件，T-1日或之前，文件在全国股份转让系统指定信息披露平台予以披露。披露文件包括《关于公司股票将在全国股份转让系统挂牌公开转让的提示性公告》《关于公司挂牌同时发行的股票将在全国股份转让系统挂牌公开转让的公告》等。

9. 挂牌后履行持续信息披露义务

依据《全国中小企业股份转让系统挂牌公司信息披露细则（试行）》《全国中小企业股份转让系统业务规则（试行）》《非上市公众公司监督管理办法》（证监会令第85号）、《非上市公众公司监管指引第1号》等文件的相关规定，新三板挂牌企业挂牌后应当履行持续的信息披露义务，包括定期报告和临时报告，而定期报告又包括年度报告、半年度报告，鼓励但不强制要求披露季度报告。临时报告主要是指在定期报告之外，挂牌企业对外披露的有关公司的重大事项的公告。

2
申请挂牌同时发行股票融资的公司的挂牌流程

对于申请挂牌同时发行股票融资的公司，在申请挂牌的时候，基本上与申请新三板挂牌的流程一致，只不过在挂牌阶段需要加上一些特殊的程序。

一、申请流程方面

按照《挂牌文件指引》的规定，申请挂牌同时发行股票的公司，应该按照全国股份转让系统公司的规定在挂牌申请文件中增加相关的内容。比如在申请挂牌或挂牌审查期间提出股票发行申请，履行董事会、股东大会审议程序，自主决定发行方式、发行价格和发行比例。

在审查与核准流程方面，申请挂牌同时股票发行后的股东不超过200人的，证监会豁免核准，审查程序同股东人数未超过200人的公司一致。申请挂牌同时股票发行后股东超过200人的，需要报请证监会核准，审查程序同股东人数超过200人的公司一致。

二、信息披露及股份登记

对于申请挂牌并且定向发行股票的公司，可以按照《挂牌业务指南》的相关规定进行信息披露和股份登记。

1. 申请挂牌并且定向发行股票的公司，在报送申请挂牌材料后向全国股份转让系统公司挂牌业务部提出在全国股份转让系统指定的信息平台 www.neeq.com.cn 或 www.neeq.cc 披露定向发行意向。

2. 在完成证券简称和代码后，申请挂牌公司参照仅申请挂牌公司的首次信息披露流程办理《公开转让说明书》等文件的信息披露事宜。如果存在股份限售情形，申请挂牌公司应该提前与全国股份转让系统公司挂牌业务部和公司业务部沟通。

3. 在完成定向发行认购、验资后，根据证监会和全国股份转让系统公司的有关规定，申请挂牌公司向全国股份转让系统公司挂牌业务部报送相关材料，取得全国股份转让系统公司出具的《挂牌并定向发行股份登记的函》。

4. 申请挂牌公司应于报送备案材料的当日，联系全国股份转让系统公司挂牌业务部沟通定向发行完成后的网上信息披露事宜，递交《信息披露业务流转表》，向深圳证券信息公司传送《定向发行情况报告书》《关于公司定向发行股票将在全国股份转让系统挂牌公开转让的公告》等信息披露文件。在取得《挂牌并定向发行股份登记的函》后的第二个工作日，披露相关文件。

5. 《定向发行情况报告书》等文件披露后，申请挂牌公司、主办券商持《挂牌并定向发行股份登记的函》及其他材料前往中国结算北京分公司办理股份初始登记或新增股份登记。

6. 申请挂牌公司完成工商变更登记后，发布《关于完成工商变更登记的公告》。其他环节参照无定向发行情形的股票挂牌流程办理。

7. 申请挂牌公司完成定向发行时间存在差异，相关股份登记事项办理也不一样：申请挂牌公司股票在股份初始登记前取得《挂牌并定向发行股份登记的函》的，初始登记的股份为定向发行后的全部股份；申请挂牌公司股票在股份初始登记后、挂牌日前取得《挂牌并定向发行股份登记的函》的，持股份登记的函及其他材料前往中国结算北京分公司办理新增股份登记；申请挂牌公司股票拟于挂牌日后完成定向发行的，其定向发行程序按照已挂牌公司定向发行的规定办理。

PART FOUR 第四章
新三板的市场业务操作

第一节　新三板市场业务的基本特点和规则制度

1
市场业务的特点

新三板挂牌公司是以中小企业为主体的非上市公众公司，具有鲜明的融资和并购需求，而且《非上市公众公司监督管理办法（2013修订）》中也确定了以"股权融资、债权融资、资产重组"为核心的业务框架。虽然目前新三板挂牌公司开展的业务限于股票转让、定向增发以及重大资产重组，但随着证监会、全国股份转让系统公司不断出台新的业务政策，并购等相关业务规范及规则也将纳入新三板的市场业务体系，整个业务体系呈现出新特点，这些特点主要体现在四个方面：

1. 投资者准入门槛较高

新三板实行投资者适当性管理制度，规定了新三板市场交易的主要投资者为机构投资者和信托等，而自然人参与市场交易需要满足证券类资产市值在500万元以上，且具有两年以上证券投资经验，或有会计、金融、投资、财经等线管专业背景或培训经历的条件，或者通过购买证券公司、保险公司、证券投资基金、风险投资基金等机构投资者推出的一些定投产品参与市场。包括挂牌前的股东、通过定向发行持有公司股份的股东等特殊自然人，如果不符合参与挂牌公司股票公开转让条件，只能买卖其持有或曾持有的挂牌公司股票。

2. 发行股票更加灵活

主板市场和创业板市场都实行增量发行的方法，企业需要发行25%或者10%的社会公众股。而新三板的选择比较灵活，如果不需要资金，就可以实施存量挂牌，获得交流的途径或者是其他的功能。如果需要资金，就可以通过挂牌以及定向发行的制度安排来获得首次融资。此外，新三板具备主板、创业板的功能，而且功能更加灵活，比如融资可以小额快速，也可以储架发行。

3. 交易规则多样

主板、创业板、中小板主要采用竞价交易方式，常常辅以协议大宗交易和盘后定价大宗交易方式，而新三板可采用做市方式。协议方式、竞价方式，还可以更换交易方式。此外，新三板挂牌公司可实行标准化连续交易，不设涨跌幅限制，施行 T+1 交易模式。此外，在交易时间、大股东交易限制、数量限制方面，新三板也不同于主板、创业板和中小板。

4. 资产重组打通了多层资本市场

新三板实施并购重组可以有效推进业务的扩张，提升企业的实力与规模，为未来转板做好充分的准备。企业在挂牌新三板后，可以通过并购来带动其他企业联合发展，在某些交叉领域形成新的商业模式，实现颠覆式的跨界发展。

此外，一些在短期内无法实现上市的挂牌企业可以将旗下资产出售给上市公司，从而实现曲线转版、借道上市的目的。而且新三板经过挂牌辅导后，企业的治理结构、财务规范程度变得更好，并购重组耗费的成本更低，因此不存在太大的经济负担，这也是吸引上市公司进行并购的重要原因之一。

2

市场业务新规则——《全国中小企业股份转让系统业务规则（试行）》

为了规范全国中小企业股份转让系统的运行，维护市场正常秩序，保护投资者合法权益，根据《中华人民共和国公司法》《中华人民共和国证券法》《国务院关于全国中小企业股份转让系统有关问题的决定》以及《非上市公众公司监督管理办法》《全国中小企业股份转让系统有限责任公司管理暂行办法》等法律、行政法规、部门规章的要求，新三板制定了《全国中小企业股份转让系统业务规则（试行）》这一新的业务规则。2013 年 2 月 18 日，《全国中小企业股份转让系统业务规则（试行）》正式实施。

新三板新的业务规则主要对股票转让、一般性规定、转让信息、公司治理、信息披露定向发行、暂停与恢复转让、终止与重新挂牌、主办券商、监管措施与违规处分等内容作了规定，尤其是重点对具体的业务操作方面作了改进和规范。

1. 约定了股票转让的业务操作规则，确保市场的相关转让活动能够做到公开、公平、公正，禁止证券欺诈、内幕交易、操纵市场等违法违规行为。

2. 优化挂牌审查流程，重点审查信息披露的真实性、完整性，突出风险揭示。全国股份转让系统公司对挂牌企业和中介机构实施自律监管措施，从而确保申请挂牌公司、挂牌公司及其他信息披露义务人、主办券商真实、准确、完整、及时地披露信息，不得有虚假记载、误导性陈述或者重大遗漏。

3. 丰富了定向融资产品，拓展了融资渠道；允许挂牌时同时进行融资，且实施小额快速融资机制，简化定向发行的要求，从而有助于增强融资效率。

4. 改进了交易环节，比如在原先协议交易模式的基础上增加了竞价交易模式；修订投资者适当性管理制度，允许合格的自然人投资者进入市场；进一步拆细了最小交易单位（1000股），有助于提升交易的活跃度。

与老版的业务规则相比，《全国中小企业股份转让系统业务规则（试行）》在很多方面都作了修订和改善，不仅迎合了新三板发展的需求，也有助于提升新三板市场业务的总体水平，尤其是有利于提高新三板市场的流动性，从而提升交易量。

第二节 转让股票

1
转让方式

根据《全国中小企业股份转让系统业务规则（试行）》以及《全国中小企业股份转让系统股票转让细则（试行）》的规定，挂牌公司的股票可以采用协议转让方式、做市转让方式、竞价转让方式进行转让。

1. 协议转让方式

协议转让方式最初是指买卖双方协商一致，委托主办券商向全国股份转让系统确认成交的一种转让方式。为了方便投资者交易，逐步引入投资者发布定价委托、对手方点击成交的"一对多"的改良模式以及未成交定价委托的收盘自动匹配机制。

协议转让方式主要有三种成交模式，一是买卖双方在场外协商一致，委托主办券商递交成交确认申报进行确认成交；二是投资者不确定交易对手方，委托主办券商进行定价申报，有成交意愿的投资者通过在主办券商交易终端"点击"的方式进行成交确认申报与之确认成交；三是未成交定价申报收盘时自动匹配成交，即在每个转让日的收盘阶段按照时间优先原则，将证券代码和申报价格相同、买卖方向相反的未成交定价申报进行匹配成交。

2. 竞价转让方式

股票竞价转让又被称为集中竞价交易，是指产权出让时通过公开征集，产生复数以上的意愿受让人，采用竞争交易的方式，通过价格或受让条件的差异来选择受让方的过程。

竞价转让方式分为集合竞价和连续竞价两种方式，集合竞价是指对一段时间内接受的买卖申报一次性集中撮合的竞价方式。而连续竞价指的是买卖申报逐笔连续撮合的竞价方式。股票转让如果采取竞价转让方式，那么依照规定，每个转让日的 9：15~9：25 为开盘集合竞价时间，9：30~11：30、13：00~14：55 为连续竞价时间，14：55~15：00 为收盘集合竞价时间。

3. 做市转让方式

2014 年 8 月，新三板交易支持平台转让功能上线后，引入了传统竞争性做市商制度，即由两家以上做市商为公司提供做市报价服务。做市商制度是指在证券市场上由具备一定实力和信誉的独立证券经营法人作为特许交易商，不断向公众投资者报出某些特定证券的买卖价格（即双向报价），并在该价位上接受公众投资者的买卖要求，以其自有资金和证券与投资者进行证券交易。买卖双方不需等待交易对手出现，只要有做市商出面承担交易对手方即可达成交易。

做市转让方式有两个特点，一是所有客户委托单都必须由做市商用自己的账户买进卖出，客户委托单之间不直接进行交易。二是做市商必须在客户发出委托单之前提出买卖价格，而投资者在看到报价后才会给出委托单。

挂牌公司可以依据自身情况，选择不同的转让方式，此外，挂牌公司还可以转换和变更转让方式，只要提出申请并经过全国股份转让系统公司同意即可。

采取做市转让方式的股票，挂牌公司应事前征得该股票所有做市商的同意，才能将其变更为协议或者竞价转让方式。采取做市转让方式的股票，为其做市的做市商不足两家，且未在 30 个转让日内恢复为两家以上做市商的，如果挂牌公司未按规定提出股票转让方式变更申请，其转让方式将强制变更为协议转让方式。而在具体转换过程中，需要满足不同的转换条件。

一、采取协议转让方式的股票，挂牌公司申请变更为做市转让方式的，应当符合以下条件：

1. 两家以上做市商同意为该股票提供做市报价服务，并且每家做市商已取得不低于 10 万股的做市库存股票。

2. 全国股份转让系统公司规定的其他条件。

二、挂牌时采取做市转让方式的股票，挂牌公司申请变更为协议转让方式的，需要符合以下条件：

1. 该股票所有做市商均已满足《股票转让细则》关于最低做市期限的要求（即初始做市商为股票做市需要满6个月，后续加入的做市商为股票做市需要满3个月，否则不得退出为该股票做市），且均同意退出做市。

2. 全国股份转让系统公司规定的其他条件。

三、做市商进入及退出

需要注意的是，挂牌时采取做市转让方式的股票，拟后续加入的做市商须在该股票挂牌满3个月后方可经申请同意后为该股票提供做市报价服务。做市商退出做市后，1个月内不得申请再次为该股票做市。

挂牌时采取做市转让方式的股票和由协议转让方式变更为做市转让方式的股票，其初始做市商为股票做市不满6个月，不得申请退出为该股票做市。后续加入的做市商为相关股票不满3个月的，不得申请退出为该股票做市。

2

股票转让的相关规定

为了确保新三板市场的稳定，保障转让规范并顺利进行，增强股票的流动性，股票转让需要遵循相关的规定和规则，这些规定主要体现在以下几个方面：

1. 转让时间的安排

无论是何种转让方式，股票转让的时间为每周一至周五9：15～11：30、13：00～15：00，当然对于竞价转让方式来说，每个转让日的9：15～9：25为开盘集合竞价时间，9：30～11：30、13：00～14：55为连续竞价时间，14：55～15：00为收盘集合竞价时间。转让时间因故停市，转让时间不做顺延。

2. 申报价格最小变动单位的设置

按照新规定，股票转让的计价单位为"每股价格"，转让的申报价格最小变动单位为 0.01 元人民币。如果达成的价格并不在最小价格变动单位范围内的，应该按四舍五入原则取至相应的最小价格变动单位。

3. 申报单位的规定

新三板买卖股票的申报数量应当为 1000 股或者 1000 股的整数倍，如果卖出时的股票余额不足 1000 股，应当一次性申报卖出。

4. 设定单笔申报数量的上限

新三板股票转让单笔申报最大数量不得超过 100 万股。

5. 不设置涨跌幅限制

和主板、创业板市场不同的是，全国股份转让系统并没有对新三板市场股票转让的涨跌幅设置什么限制，除非另有规定。

6. 回转交易的规定

新三板的回转交易制度包括 T+0 制度和 T+1 制度，所谓 T+0 制度是指做市商买入的挂牌公司股票，买卖当日可以卖出。而 T+1 制度是指投资者买入的挂牌公司股票，买卖当日不得卖出，须在买卖后的第二个工作日才能卖出。

7. 对特殊交易行为进行干预

对于一些特殊交易行为，全国股份转让系统公司会进行干预，比如因不可抗力、意外事件、交易系统被非法侵入等原因造成严重后果的转让，全国股份转让系统公司可以采取适当措施或认定无效；对于一些不公平的转让，经全国股份转让系统公司认定，可采取适当措施；对于违反《全国中小企业股份转让系统股票转让细则（试行）》，严重破坏证券市场正常运行的转让，全国股份转让系统公司有权宣布取消转让。

3

股份转让的限制

股份转让具有一定的限制，这些限制主要针对特殊股东，所谓特殊股东指的是挂牌公司控股股东及实际控制人、发起人、董事、监事以及高级管理人员。而特殊股东的股份转让限制主要体现在三个方面：

一、《全国中小企业股份转让系统业务规则（试行）》的相关规定

依据《全国中小企业股份转让系统业务规则（试行）》规定，挂牌公司控股股东及实际控制人在挂牌前直接或间接持有的股票平均分三批解除转让限制，解除转让限制的时间分别为挂牌之日、挂牌期满1年和2年。

挂牌前12个月内，以控股股东及实际控制人直接或间接持有的股票进行过转让的，该股票的管理按照前款规定执行，主办券商为开展做市业务取得的做市初始库存股票除外。

二、《公司法》的相关规定

依据《公司法》的规定：股份有限公司的发起人持有的股份自公司成立之日起一年内不得转让；公司董事、监事、高级管理人员在任职期间每年转让的股份不得超过其所持有本公司股份总数的25%；上述人员离职后半年内，不得转让其所持有的公司股份。这些规定对新三板挂牌公司同样适用。

三、章程中的约定事项

挂牌公司通常会通过章程做出约定，对公司董事、监事、高级管理人员转让其所持有本公司股票作出限制性的规定，以保障公司自身的利益。

股份转让限制规则在一定程度上规范了特殊股东的股票转让行为，确保了公司的利益不受到损害。如果新三板挂牌公司想要解除转让限制，就需要按照特定的步骤来解除限制。

首先应当由挂牌公司向主办券商提出解除限制的请求，接着主办券商报全国股份转让系统公司备案，等到全国股份转让系统公司备案确认后，通知中国证券登记结算有限责任公司办理解除限售登记。

第三节 股票发行

1

股票发行的概念

新三板挂牌公司的股票发行指的是，申请挂牌公司、挂牌公司向符合全国股份转让系统投资者适当性管理要求的对象发行股票的行为。新三板的股票发行与新三板的定向发行其实是统一的概念，2013年12月26日，证监会发布的《非上市公众公司监督管理办法》中明确提到了"定向发行"的概念，不过2013年12月30日制定的《全国中小企业股份转让系统股票发行业务细则（试行）》以及《全国中小企业股份转让系统股票发行业务指南》中却用"股票发行"来替代"定向发行"。2013年12月30日发布的修订的《全国中小企业股份转让系统业务规则（试行）》以及2014年5月6日修订后的《全国中小企业股份转让系统股票挂牌业务操作指南（试行）》中将"定向发行"修订为"股票发行"。

严格来说，"定向发行"是证监会提出的概念，而"股票发行"是全国股份转让系统公司提出的概念，两者并没有什么太大的区别。

按照《非上市公众公司监督管理办法》的规定，新三板股票发行的对象主要包括机构投资者和自然人投资者。公司股东；公司的董事、监事、高级管理人员、核心员工；符合投资者适当性管理规定的自然人投资者、法人投资者以及其他经济组织。

公司在确定发行对象时，公司的董事、监事、高级管理人员、核心员工，符合投资者适当性管理规定的自然人投资者、法人投资者以及其他经济组织的投资者不能超过 35 人。而核心员工的认定，需要公司董事会提名，向全体员工公示和征求意见，监事会发表明确意见后，股东大会审议批准。

股票发行或者定向发行作为新三板股权融资的主要功能，对解决新三板挂牌企业发展过程中的资金瓶颈发挥了极为重要的作用。因此除了需要规范特定的发行对象外，还需要满足以下一些条件：

1. 必须真实、准确、及时、完整、公平地披露信息，不得出现造假、误导和重大遗漏。挂牌公司的控股股东、实际控制人、股票发行对象及其他信息披露义务人，应当按照有关规定及时向公司提供信息，配合公司履行信息披露义务。

2. 与挂牌公司相关的证券服务机构及其相关人员，应当遵守有关法律法规、规章、规范性文件及业务规定，尽职尽责，不得利用挂牌公司定向增发，谋取不正当的利益，禁止泄露内幕信息和利用内幕信息进行股票转让或者操纵股票转让价格。

3. 挂牌公司、主办券商选择发行对象、确定发行价格或者发行价格区间，应当遵循公平、公正原则，维护公司及其股东的合法权益。

4. 挂牌公司的定向发行应满足《管理办法》规定的对于公司治理、信息披露及发行对象的要求。

5. 股票发行以现金认购的，公司现有股东在同等条件下对发行的股票有权优先认购，每个股东可优先认购的股份数量上限为股权登记日其在公司持股比例与本次发行股份数量上限的乘积。发行对象承诺对其认购股票进行转让限制的，应当遵守其承诺，并予以披露。发行对象可用现金或者非现金资产认购发行股票。

2

定向发行的程序

股票的定向发行通常和公司股东人数有关，不同的人数适用于不同的程序和规定。发行后股东人数不超过200人的新三板挂牌公司主要适用《非上市公众公司监督管理办法（2013修订）》《全国中小企业股份转让系统业务规则（试行）》以及《全国中小企业股份转让系统股票发行业务细则（试行）》的规定，需要向全国股份转让系统公司履行备案程序。而发行后股东人数累计超过200人或者发行前股东人数超过200人的挂牌公司主要适用于《非上市公众公司监督管理办法》的规定，需要向证监会申请核准。

一、发行后股东累计人数不超过200人

1. 董事会就股票发行有关事项做出决议

重点明确具体发行对象及其认购价格、认购数量或数量上限、现有股东优先认购办法、现有股东放弃优先认购股票份额的认购安排。

未确定具体发行对象的，董事会决议应当明确发行对象的范围、发行价格区间、发行价格确定办法、发行数量上限、现有股东优先认购办法等事项。

非现金资产认购股票发行的，董事会决议应当明确交易对手是否为关联方、标的资产、作价原则、审计、评估等事项。

说明发行募集资金的用途。

2. 确定发行对象并签署认购合同

董事会决议确定发行对象的，与公司签署附生效条件的股票认购合同，此次发行经公司董事会、股东大会批准后，合同开始生效。具有优先认购安排的，应当办理现有股东的优先认购手续。

董事会未确定发行对象的，挂牌公司及主办券商可以向符合投资者适当性规定的投资者进行询价，包括挂牌公司股东、主办券商经纪业务客户、机构投资者、集合信托计划、证券投资基金、证券公司资产管理计划以及其他个人投资者。挂牌公司和主办券商接收询价对象的申购报价，主办券商据此按照价格优先的原则，且出于对认购数量或其他因素的考虑，与挂牌公司协商确定发行对象、发行价格、发行股数。现有股东优先认购的，在认购价格相同的情况下应当优先给予满足。

3. 认购缴款及验资

签订正式合同且合同生效后，发行对象按照合同约定缴款。同时，挂牌公司在认购结束后及时办理验资手续，让具有证券、期货相关业务资格的会计师事务所出具验资报告。

4. 申报备案与审批

主办券商和律师事务所进行尽职调查，并分别对股票发行出具书面意见。

挂牌公司在验资完成后 10 个转让日内，按照规定向全国股份转让系统公司报送材料，履行备案程序。全国股份转让系统公司对材料进行审查，根据审查结果出具股份登记函，送达挂牌公司并递交中国证券登记结算有限责任公司和主办券商。需要注意的是，以非现金资产认购股票的话，如果相关资产权属过户没有完成或相关资产存在重大法律瑕疵的，全国股份转让系统公司不予出具股份登记函。

二、发行前股东人数超过 200 人或发行后股东累计超过 200 人

1. 确定发行对象，签署认购协议

确定发行对象，并对发行对象的身份进行确认，确保发行对象符合《非上市公众公司监督管理办法（2013 修订）》的相关规定，公司与发行对象签订包含风险揭示条款的认购协议。

2. 公司的审批程序

公司董事会就股票发行做出决议，提请股东大会批准，股东大会决议必须经出席会议的股东所持表决权的三分之二以上通过。

发行后股东累计超过 200 人的股份有限公司，董事会和股东大会决议中应当明确规定：按照证监会的相关规定修改公司章程；按照法律、行政法规和公司章程的规定建立健全公司治理机制；履行信息披露义务，按照相关规定披露定向发行说明书、发行情况报告书、年度报告、半年度报告及其他信息。

3. 申请及核准

公司应该按照证监会的相关规定制作包括定向发行说明书、律师事务所出具的法律意见书、具有证券期货相关业务资格的会计师事务所出具的审计报告、证券公司出具的推荐文件等申请文件。证监会受理文件并依法对公司治理、信息披露、发行对象情况进行审核，在 20 个工作日内做出核准、中止审核、终止审核、不予核准的决定。

4. 发行

公司可采取"一次核准，分期发行"的发行方式，而且公司应在证监会予

以核准之日起的3个月内首期发行不少于总发行数量的50%，剩余数量应在12个月内发行完毕，每期发行后5个工作日内将发行情况报证监会备案。超过有效期限的，须重新核准方可发行。

5. 信息披露

股票发行结束后，公司按照证监会要求编制并披露发行情况报告书，申请分期发行的公众公司应在每期发行后按照证监会的有关要求进行披露，并在全部发行结束或超过核准文件有效期后按照证监会的有关要求编制并披露发行情况报告书。

第四节　重大资产重组

1
什么是重大资产重组

重大资产重组是指公司及其控股股东或者控制的企业在日常经营活动之外购买、出售资产或者通过其他方式进行资产交易，导致公司业务，资产发生重大变化的资产交易行为。

从理论上说，企业存在一个最优规模。如果企业规模太大，效率反而不高、效益也不佳，这种情况下企业就应当剥离出部分亏损或成本、效益不匹配的业务；如果企业规模太小、业务较单一，风险就会增大，此时就需要通过收购、兼并适时进入新的业务领域，开展多种经营，以降低整体风险。因此从产权经济学的角度看，资产重组的实质在于对企业边界进行调整。而从会计学的角度看，资产重组是指企业与其他主体在资产、负债或所有者权益诸项目之间的调整，从而达到资源有效配置的交易行为。

重大资产重组是新三板业务操作中的重要组成部分，目的就是为了提升效益，增强企业的活力和竞争力，甚至为公司上市做好准备。经过重大资产重组之后，公司剥离了一些不良资产和不良业务，提高了资本利润率。同时，由于进入新的业务领域，有效避免了同业竞争的发生。而且资产重组可能会削弱和改变某些原有大股东的股权，从而减少了关联交易。

正因为重大资产重组对挂牌企业的发展非常重要，为了确保重大资产重组的顺利进行，需要建立和完善新三板重大资产重组制度体系，这些制度体系包括《证券法》《公司法》《国务院关于全国中小企业股份转让系统有关问题的决定》《国务院关于进一步优化企业兼并重组市场环境的意见》《全国中小企业股份转让系统非上市公众公司重大资产重组业务指引（试行）》《非上市公众公司重大资产重组管理办法》，挂牌公司需要按照法律、法规、规则办事，从而确保重大资产重组的有效实施。

2
实施重大资产重组需要满足认定标准和相关的要求

按照相关文件的规定，公司及其控股或者控制的公司购买、出售资产，构成重大资产重组，必须达到下列标准：

1. 购买、出售的资产总额占公众公司最近一个会计年度经审计的合并财务会计报表期末资产总额的比例达到50%以上。

2. 购买、出售的资产净额占公众公司最近一个会计年度经审计的合并财务会计报表期末净资产额的比例达到50%以上，且购买、出售的资产总额占公众公司最近一个会计年度经审计的合并财务会计报表期末资产总额的比例达到30%以上。

需要注意的是，以上这些认定标准的比例在计算的时候，应该遵循特定的规定：

1. 购买的资产如果是股权，且购买行为导致公司取得被投资企业控股权的，其资产总额、资产净额以被投资企业的资产总额、资产净额和成交金额二者中的较高者为准。出售股权导致公司丧失投资企业控股权的，其资产总额、资产净额分别以被投资企业的资产总额以及资产净额为准。

除开上面的情形，购买的资产为股权的，其资产总额、资产净额均以成交金额为准；出售的资产为股权的，其资产总额、资产净额均以该股权的账面价值为准。

2. 购买的资产为非股权资产的，其资产总额以该资产的账面值和成交金额中的较高者为准，资产净额以相关资产与负债账面值的差额和成交金额二者中较高者为准；出售的资产为非股权资产的，其资产总额、资产净额分别以该资产的账面值、相关资产与负债账面值的差额为准；该非股权资产不涉及负债的，不适用资产净额标准。

3. 公司同时购买、出售资产的，应当分别计算购买、出售资产的相关比例，并以二者中比例较高者为准。

4. 公司在 12 个月被连续对同一或者相关资产进行购买、出售的，以其累计数分别计算相应数额。按照本办法的规定履行相应程序的资产交易行为，无须纳入累计计算的范围。

交易的资产属于同一交易方所有或者控制，或者属于相同或相近的业务范围，或者证监会认定的其他情形下，可以认定为同一或者相关资产。

除了需要符合重大资产重组的标准之外，实施重大资产重组还需要满足一些基本的要求：

1. 重大资产重组所涉及的资产定价公允，不能损害公司和股东合法权益。

2. 重大资产重组所涉及的资产权属清晰，资产过户或者转移不存在法律障碍，相关债权债务处理合法；所购买的资产，应当为权属清晰的经营性资产。

3. 实施重大资产重组后有利于提高公众公司资产质量和增强持续经营能力，不存在可能导致公众公司重组后主要资产为现金或者无具体经营业务的情形。

4. 实施重大资产重组后有利于公众公司形成或者保持健全有效的法人治理结构。

3

重大资产重组的程序

重大资产重组的程序主要分为现金认购资产的重组程序以及发行股份购买资产的重组程序,两者的程序并不相同。

如果公司重大资产重组不涉及发行股份购买资产,而是涉及现金认购资产的情形,那么重组程序主要包括以下几个方面:

1. 暂停转让

公司向全国股份转让系统公司申请公司证券暂停转让的情形:

(1) 交易各方初步达成实质性意向。

(2) 未达成实质意向的,在相关董事会决议公告前,相关信息在媒体上传播或者预计该信息难以保密或者公司证券转让价格出现异常波动。

(3) 本次重组需要向有关部门进行政策咨询、方案论证。

(4) 全国股份转让系统有权在必要情况下对挂牌公司证券主动实施暂停转让。

公司申请暂停转让,应按照《全国中小企业股份转让系统挂牌公司暂停与恢复转让业务指南(试行)》的规定,办理证券暂停转让相关事宜。比如证券暂停转让时间由公司自主确定,原则上不超过3个月,恢复转让日与重大重组事项首次董事会召开的时间间隔不得少于9个转让日。暂停转让时间需要超过3个月的,应当向全国股份转让系统公司说明理由,并在取得全国股份转让系统公司的同意后发布关于公司证券长期暂停转让的公告。

2. 内幕信息知情人报送

公司在证券暂停转让之日起5个转让日内,按《全国中小企业股份转让系统重大资产重组业务指南第1号:非上市公众公司重大资产重组内幕信息知情人报备指南》的要求,向全国股份转让系统公司提交完整的内幕信息知情人及直系亲属名单、相关人员买卖公司证券的自查报告、公司重大资产重组交易进程备忘录及公司全体董事对内幕信息知情人报备文件真实性、准确性和完整性的承诺书。

公司预计证券暂停转让日距离重大资产重组首次董事会召开不足5个转让日的，应在申请暂停转让的同时提交上述材料。

全国股份转让系统公司收到材料后，对内幕信息知情人在暂停转让申请日前6个月的公司证券转让情况进行核查。一旦发现异常，全国股份转让系统有权要求公司、独立财务顾问及其他相关主体对转让情况做进一步核查；公司涉嫌从事内幕交易、操纵证券市场等违法活动的，全国股份转让系统有权采取自律管理措施，并向证监会报告。

3. 首次董事会及首次信息披露

公司召开董事会决议，应披露决议、披露重大资产重组报告书、独立财务顾问报告、法律意见书、审计报告、资产评估报告，董事会还应披露召开股东大会的安排事项。公司在首次董事会召开2个转让日内，按照规定披露相关信息披露文件。

如果首次董事会召开之前，相关资产尚未完成审计，应当披露重大资产重组预案和独立财务顾问对预案的核查意见。公司预计在最晚恢复转让日前7个转让日无法进行首次信息披露，至少要在最晚恢复转让日前9个转让日将相关情况书面告知全国股份转让系统公司，并申请延后最晚恢复转让日。申请获得批准后，公司在2个转让日内发布重大资产重组进展情况报告，说明延后披露的原因、更改后的最晚恢复转让日以及重大资产重组的最新进展情况。之后，公司每5个转让日比照上述要求进行一次信息披露。

4. 股份转让系统审查

全国股份转让系统公司在信息披露后的5个转让日内对信息披露的完备性进行审查，发现信息披露存在问题的，有权要求公司对其进行解释、说明和更正。公司预计在原定最晚恢复转让日仍无法恢复转让的，应在接到全国股份转让系统关于信息披露异议的同时，申请延后最晚恢复转让日。

5. 恢复转让及再次披露

审查顺利通过，公司应在审查期满后向全国股份转让系统申请证券恢复转让。

公司应在披露重大资产重组预案后 6 个月内完成审计工作，并再次召开董事会，在披露董事会决议时，披露重大资产重组报告书、独立财务顾问报告、法律意见书以及本次重大资产重组的审计报告、资产评估报告。董事会还应就召开股东大会事项做出安排并进行信息披露。

6. 召开股东大会

股东大会做出决议，决议须经出席会议的股东所持表决权的 2/3 以上才能通过；公司股东人数超过 200 人，应对持股比例在 10% 以下的股东（不包括公众公司董事、监事、高级管理人员及其关联人以及持股比例在 10% 以上的股东关联人）表决情况实施单独计票。公司要及时披露表决情况。此外，存在关联关系的关联股东要回避表决。

股东人数如果不超过 200 人，股东大会决议后，公司应在 2 个工作日内将报告书、独立财务顾问报告、法律意见书、审计报告、资产评估报告等信息披露文件报送全国股份转让系统公司，全国股份转让系统公司对上述文件的完备性进行审查。

如果公司重大资产重组涉及发行股份购买资产，除了以上程序之外，还需要履行全国股份转让系统的备案手续或者是证监会的审批程序。

依据《全国中小企业股份转让系统非上市公众公司重大资产重组业务指引（试行）》的规定，发行股份购买资产构成重大资产重组应该按照以下操作程序进行备案或审批。

1. 发行股份购买资产后股东人数不超过 200 人的，应该向全国股份转让系统公司申请备案。信息披露和具体操作流程须按照《非上市公众公司重大资产重组管理办法》的规定来进行。公司应在验资完成后 10 个转让日内，根据《全国中小企业股份转让系统重大资产重组业务指南第 2 号：非上市公众公司发行股份购买资产构成重大资产重组文件报送指南》的要求，向全国股份转让系统公司报送股票发行备案或股票登记申请文件。公司取得全国股份转让系统出具的股份登记函后，应当及时办理新增股份登记。

2. 发行股份购买资产后股东人数超过 200 人，股东大会决议后，按照证监会的有关规定编制申请文件并申请核准。

证监会受理申请文件后，依法进行审核，在 20 个工作日内做出核准、中止审核、终止审核或不予核准的决定。如果证监会不予核准，那么做出不予核准决定之日起的3个月内，证监会不再受理该公司发行股份购买资产的重大资产重组申请。

公众公司完成批准程序后，及时实施重组方案，在本次重大资产重组实施完毕之日起2个工作日内，编制并披露实施情况报告书及独立财务顾问、律师的专业意见。

第五节 并购战略的实施

1
什么是企业并购

企业并购包括兼并和收购两层含义、两种方式，一般会进行合用，即企业之间的兼并与收购行为，是企业法人在平等自愿、等价有偿基础上，以一定的经济方式取得其他法人产权的行为，是企业进行资本运作和经营的一种主要形式。通常分为公司合并、资产收购和股权收购这三种形式。

在我国，企业并购一般是指一个企业购买另一个企业的全部或者部分资产、产权，从而影响、控制被收购的企业，以增强企业的竞争优势，实现企业经营目标的行为。

对于竞争日益激烈的新三板市场来说，企业想要在市场上获得更多的发展机会，想要更长久地生存下去，甚至扩大规模和实力，往往需要寻求更加高效的方法，而并购正好满足了这样的发展需求。通过并购，企业可以快速发展壮大起来，从而节省发展时间；有利于调整产业结构，优化资源配置，转变经济增长方式；减少进入其他行业的难度，降低新业务、新市场中的风险；并购外国的企业，促进企业的跨国发展；加速进入资本市场，实现买壳上市。

此外，并购可以实现 1+1 大于 2 的效果，并购后企业的总体效益要超过并购前两个独立企业效益之和的经营协同效应。生产协同、经营协同、财务协同、人才和技术的协同。而且通过并购可以实现合理避税。

而对于整个市场而言，成功的企业并购有利于激活一些上市公司和非上市公司，提高上市公司的整体素质和扩大证券市场对全体企业和整体经济的辐射力。企业并购能够强化政府和企业家的市场意识，明确双方责任和发挥其能动性，真正实现政企分开。企业并购可以为投资者创造更多的营利机会，从而有助于活跃证券市场。

不过，并购并不是任何情况下都能够顺利完成的，通常来说企业在实施并购的时候，需要坚持一些基本的原则：

1. 并购企业必须能为目标企业做出贡献，并购企业只有为被并购企业提供更多的帮助，带来更多的利益，做出更大的贡献，并购才可能获得成功。

2. 需要共同的文化基础，包括团结的核心、共同的语言，从而更加有效地将并购公司和目标企业整合在一起。

3. 并购企业必须尊重被并购企业的员工、产品、市场和消费者。

4. 并购企业提供高层管理人员，帮助被并购企业改善管理情况。

5. 并购的第一年内，要让大部分双方的管理人员得到提升，使得双方的管理人员相信并购行为给公司带来更多更好的机会。

只有符合以上 5 个原则，企业的并购才能顺利实施，才能达到最好的效果。

2
并购的形式

企业的并购形式多种多样，从不同的角度划分，往往有着不同的分类方法。

一、从行业角度划分

1. 横向并购

横向并购是指同属于一个产业或行业，或产品处于同一市场的企业之间发生的并购行为。这种并购形式对于扩大同类产品的生产规模、降低生产成本、消除竞争、提高市场占有率有很大帮助，从而有助于增强企业的竞争力和营业能力。

2. 纵向并购

纵向并购是指生产过程或经营环节紧密相关的企业之间的并购行为。它的主要功效在于能够有效加速生产流程、缩短生产周期、节约运输和仓储费用。

3. 混合并购

混合并购是指生产和经营彼此没有关联的产品或服务的企业之间的并购行为，这种并购形式的优势在于能够降低一个企业长期从事一个行业所带来的经营风险，还能充分利用企业的技术、原材料等各种资源，提高企业的市场适应能力。

二、从并购的通道来划分

1. 直接收购

所谓直接收购是指并购企业直接向目标公司提出并购要求，双方经过磋商，达成协议，从而完成收购活动。如果并购企业对目标公司的部分所有权提出要求，目标公司可能会允许并购企业取得目标公司新发行的股票；如果是全部产权的要求，双方可以通过协商，确定所有权的转移方式。在直接收购的条件下，双方密切配合，可以降低相对成本，提升成功的可能性。

2. 间接收购

间接收购是指并购企业直接在证券市场上收购目标公司的股票，从而控制目标公司。间接收购方式往往很容易引起股价的剧烈上涨，也可能会引起目标公司的激烈反应，因此会提高收购成本，增加收购难度。

三、从付款方式划分

1. 现金购买资产

现金购买资产是指并购公司为了控制目标公司，使用现款购买目标公司绝大部分资产或全部资产的行为。

2. 现金购买股份

现金购买股份是指并购公司为了实现对目标公司的控制，以现金购买目标公司的大部分或者全部股份。

3. 股票购买资产

股票购买资产是指并购公司向目标公司发行并购公司自己的股票以交换目标公司的大部分或全部资产。

4. 股票交换股权

并购公司直接向目标公司的股东发行股票以交换目标公司的大部分或全部股权，通常应该达到控股的股权比例，而目标公司往往会成为并购公司的子公司。

5. 债权转股权

债权转股权是指最大债权人在企业无力归还债务时，通过将债权转为投资来取得企业的控制权。中国金融资产管理公司控制的企业大部分为债转股而来，资产管理公司进行阶段性持股，最终将持有的股权转让变现。

6. 间接控股

间接控股是指战略投资者通过直接并购上市公司的第一大股东来间接获得上市公司的控制权。

7. 承债式并购

承债式并购是指并购企业以全部承担目标企业债权债务的方式获得目标企业控制权。并购企业通过收购，可以为那些资不抵债的目标企业注入流动资产或优质资产，使企业扭亏为盈。

8. 无偿划拨

无偿划拨是指地方政府或主管部门作为国有股的持股单位直接将国有股在国有投资主体之间进行划拨的行为。这种形式带有极强的政府色彩，但是有助于减少国有企业内部竞争，形成具有国际竞争力的大公司或大集团。

四、从企业并购的行为来划分

1. 善意并购

主要通过双方友好协商，互相配合，制定并购协议。这种方式相对而言比较温和，容易被双方所接受，因此并购的过程会比较顺利。

2. 敌意并购

敌意并购是指并购企业秘密收购目标企业股票等，最后使得目标企业不得不接受出售条件，从而实现控制权的转移。这种方式具有一定的强制性，常常会引发对立情绪和不满。

3

并购战略实施的程序

对于企业来说，从最初的模糊的并购意向最终完成并购，一般需要经历以下四个重要的阶段：

1. 前期准备阶段

企业根据自身发展战略的要求制定并购策略，初步设计一下理想中的目标公司的大致情况，制定出所选目标企业的一个基本标准，如目标企业应该属于什么行业、规模必须多大、市场占有率至少有多高等。企业股东会或董事会根据企业发展战略，对企业进行并购形成一致意见，做出决议并授权有关部门寻找并购对象，进一步就目标企业的法律、资产、财务、税务、技术、管理和人员等关键信息深入调查，包括自查和聘请中介机构尽职调查。

2. 并购策略设计阶段

依据掌握的资料，设计出针对目标企业的并购模式和相应的融资、支付、财税、法律等方面的事务安排，并对相关的事务安排进行可行性论证，然后提出具体的并购方案。

3. 谈判签约阶段

确定并购方案之后，双方在这个方案的基础上制定并购意向书，作为谈判的基础。并购双方就并购价格、并购方式等核心内容展开协商与谈判，并就并购的主要事宜达成一致意见，由并购双方的所有者正式签订并购协议。

4. 交割和整合阶段

双方签约后，并购双方按照并购协议的规定，办理资产的移交，对债权进行清理核实，同时，办理产权变更登记、工商变更登记及土地使用权等转让手续。在这个过程中，须在业务、人员、技术等方面对企业进行整合，整合时要充分考虑原目标企业的组织文化和适应性。整合是整个并购程序的最后环节，也是决定并购能否成功的关键环节。

4
对并购目标公司进行调查分析

在收购一家公司的时候，对目标公司进行全面的了解和分析是非常重要的一环，通过调查分析能够更好地确定目标公司是否与并购公司的整体战略发展相吻合，了解目标公司的价值是什么、审查其经营业绩以及公司的机会和障碍有哪些，从而决定是否进行并购，决定目标公司的收购价格以及收购后的整合方案。

公司可以通过外部和各方面的渠道来了解目标公司的相关信息，然后与目标公司进行正式接触，努力得到目标公司的配合，并获得详细资料。公司需要对这些资料进行周密的分析，分析的重点一般包括产业、法律、运营、财务等方面。

一、产业分析

对任何公司来说，其所处的产业状况对经营和发展有着决定性的影响，因此产业分析不可缺少，而产业分析主要侧重三个方面：

1. 产业的总体状况，比如产业所处生命周期的阶段、其在国民经济中的地位、国家对该产业的政策等。

2. 产业结构状况，包括对潜在进入者、替代品生产者、供应者、购买者和行业现有竞争力量这5种基本竞争力量的分析。

3. 产业内战略集团状况，产业内竞争者可按不同的战略地位划分不同的战略集团，战略集团的位置以及战略集团之间的相互关系对产业内的竞争能够产生很大的影响，如果产业内各战略集团布局合理，目标企业处于有利的战略集团的有利位置，公司的经营会受益。

二、法律分析

并购公司可以委托律师事务所对目标公司进行法律分析，分析内容主要集中在6个方面：

1. 审查目标公司的主体资格及获得的批准和授权情况，审查的内容包括：目标公司的股东状况以及目标公司主体资格的合法性；目标公司从事特定行业或经营项目的营业执照；目标公司是否获得本次并购所需的批准与授权。

2. 审查目标公司的资产状况，包括不动产、动产、知识产权、产权证明文件、抵押担保状况、权利瑕疵，租赁资产是否合法合规、租赁条件是否有利以及大笔应收账款、应付账款。

3. 审查目标公司重要的法律文件、重大合同，尤其应该重点审查目标公司及其附属机构、合作方的董事和经营管理者单位与主体单位、人员签署的书面协议、备忘录、保证书等资料。

4. 审查目标公司的债务，注意债务的偿还期限、利率及债权人对其是否有限制，是否规定了公司的控制权发生转移时，债务是否立即到期。

5. 审查目标公司的重大诉讼、仲裁和行政处罚案件，看看其是否会对公司的经营造成不良影响。

6. 审查目标公司的历史沿革，了解公司的变更、变更历史及发展情况，确保公司的产权机构、内部组织结构的合法性。

三、经营分析

1. 运营状况，主要分析利润、销售额、市场占有率等指标的变化趋势，方便对运营状况做出预测并找出问题，为并购后的管理提供基础。

2. 管理状况，主要包括分析目标公司的管理风格、管理制度、管理能力、营销能力，目的是分析并购后是否能与母公司的管理相融合。

3. 重要管理资源，通过分析目标公司的人才、技术、设备、无形资产，有助于并购后充分保护和发挥这些管理资源的作用，促进企业发展。

四、财务分析

并购公司委托会计师事务所对目标公司的资产、负债、税款进行审查，看看各项资产的所有权、资产的计价、应收账款，了解负债的偿还和税收的缴纳情况。以确定目标公司所提供的财务报表是否真实地反映了其财务状况。

第六节　终止挂牌和重新挂牌

⸺ 1 ⸺
什么是新三板的终止挂牌

所谓新三板的终止挂牌实际上指的就是原挂牌企业退出新三板，根据《全国中小企业股份转让系统业务规则（试行）》的规定，挂牌公司退出新三板或者说全国股份转让系统公司终止其股票挂牌主要有以下几种情形：

1. 企业准备上市

证监会核准原挂牌企业公开发行股票并在证券交易所上市，或者说证券交易所同意公司股票上市，这种情况下，企业需要退出新三板，否则会影响上市。

2. 终止挂牌申请获得全国股份转让公司同意

由于运营情况出现问题或者其他方面的原因，挂牌企业向全国股份转让系统公司提出终止挂牌的申请，而全国股份转让系统公司同意终止挂牌的申请后，企业可以正式终止挂牌。

3. 未能在规定期限内披露年度或半年度报告

挂牌企业如果未能在规定期限内披露年度报告或者半年度报告，自期满之日起2个月内仍未披露年度报告或半年度报告。这时候，挂牌企业会被迫强制性终止挂牌。

3. 与主办券商解除督导协议

由于挂牌公司实施终身督导制，只要在新三板挂牌，就要接受主办券商的持续督导。主办券商如果与挂牌公司解除持续督导协议，挂牌公司未能在股票暂停转让之日起三个月内与其他主办券商签署持续督导协议，那么全国股份转让系统公司将终止其股票挂牌。

4. 挂牌公司经清算组或管理人清算并注销公司登记。

5. 全国股份转让系统规定的其他情形。

全国股份转让系统公司做出股票终止挂牌决定后应当立即发布公告，报中国证监会备案。挂牌公司在收到全国股份转让系统公司的股票终止挂牌决定后及时披露股票终止挂牌公告。需要注意的是，如果公司因为"未在规定期限内披露年度报告或半年度报告的，自期满之日起2个月内仍未披露年度报告或半年度报告"，或者因为"主办券商与挂牌公司解除持续督导协议，挂牌公司未能在股票暂停转让之日起3个月内与其他主办券商签署持续督导协议的"而导致终止挂牌的，全国股份转让系统公司可以为终止挂牌的公司提供股票非公开转让服务。

此外，全国股份转让系统公司会终止那些"向中国证监会申请首次公开发行股票并上市，或者向证券交易所申请股票上市"的公司的股票挂牌，这是充分考虑了挂牌公司未来转板的需要，为企业在不同交易所进行转板预留了板块对接的制度空间。

反过来说，当导致公司终止挂牌的情形消除后，经过公司的申请、主办券商推荐及全国股份转让系统公司同意，公司股票可以重新挂牌。

2

新三板终止挂牌业务的流程

新三板终止挂牌业务主要按照《代办股权转让系统终止挂牌业务指引》的规定来进行，主要分为以下5个步骤：

1. 推荐主办券商一旦确定终止挂牌内容，立即填写《代办股份转让系统终止挂牌业务通知表》。

2. 推荐主办券商将《代办股份转让系统终止挂牌业务通知表》、协会出具的终止挂牌备案确认函及其他要求的证明文件一同提交深交所园区推广部（T－1日下午3点前），并确认收悉。

3. 园区推广部审核确认函与证明文件，在收到的传真上签字盖章，接着回传给推荐主办券商（T－1日下午4点前）；推荐主办券商在收到园区推广部签字回传的通知表后，才可办理刊登有关终止挂牌的公告手续。

4. 推荐主办券商在收到园区推广部签字回传的通知表后（T－1日下午4点30分前），向深圳证券信息有限公司发送"XX证券关于终止XX股份挂牌报价转让的公告"和"XXXX关于终止股份挂牌报价转让的公告"电子文件和业务流转表传真件。

5. 申请终止挂牌公司的股份在代办股份转让系统终止挂牌生效（T日）。

PART FIVE 第五章

新三板中其他参与主体和监管部门

第一节 投资者

1
投资主体

参与新三板的投资者也属于证券投资者,是指以取得利息、股息或资本收益为目的而买入证券的机构和个人。新三板的投资主体主要包括机构投资者和个人投资者,其中机构投资者包括证券公司、保险公司、证券投资基金、风险投资基金、合格境外机构投资者、企业年金等机构投资者。

不过,不同的投资主体往往需要具备不同的条件,才能参与新三板的股票交易。

(一)机构投资者

1. 注册资本500万人民币以上的法人机构。

2. 实缴出资总额500万元人民币以上的合伙企业。

3. 包括集合信托计划、证券投资基金、银行理财产品、证券公司资产管理计划,以及由金融机构或者相关监管部门认可的其他机构管理的金融产品或资产,可以申请参与挂牌公司股票公开转让。

(二)自然人投资者

1. 投资者本人名下前一交易日日终证券类资产市值在500万元人民币以上。这些证券类资产包括客户交易结算资金、股票、基金、债券、券商集合理财产品等,信用证券账户资产除外。

2. 需要2年以上证券投资经验(以投资者本人名下账户在全国中小企业股份转让系统、上海证券交易所或深圳证券交易所发生首笔股票交易之日为投资经验的起算时点），或者具有会计、金融、投资、财经等相关专业背景。

从新三板设置的门槛可以看出，全国股份转让系统公司最主要的目的是为了将新三板打造成为以机构投资者为主体的股票交易场所，因为相比于个人投资者来说，机构投资者更加专业，投资风险也更低一些，有助于新三板市场的健康发展。而500万的资金门槛对于个人投资者而言显然比较高，这样就导致多数个人投资者被排除在外。而对于机构投资者来说，这些钱并不多，因此投资者可以通过机构间接投资新三板。

如果进行进一步进行划分，全国股份转让系统还存在特殊情形的投资者，这类投资者主要分为5类：

1.《全国中小企业股份转让系统投资者适当性管理细则（试行）》发布前就已经参与挂牌公司股票买卖的自然人投资者，它们是非上市公司股份报价转让试点阶段已经参与市场的自然人投资者，该类投资者在不满足参与挂牌公司股票公开转让条件的情况下，只能买卖其持有或曾持有的挂牌公司股票。

2.《全国中小企业股份转让系统投资者适当性管理细则（试行）》发布前已经参与挂牌公司股票买卖的机构投资者，此类机构投资者即非上市公司股份报价转让试点阶段已经参与市场的机构投资者，它们可以买卖所有挂牌公司股票。

3. 公司挂牌前的股东，该类投资者在不满足参与挂牌公司股票公开转让条件的情况下，只能买卖其持有或曾持有的挂牌公司股票。

4. 通过定向发行持有公司股票的股东，该类投资者在不满足参与挂牌公司股票公开转让的条件的情况下，只能买卖其持有或曾持有的挂牌公司股票。

5. 因继承或司法裁决等原因持有挂牌公司股票的股东，这类投资者在不满足参与挂牌公司股票公开转让条件的情况下，只能买卖其持有或曾持有的挂牌公司股票。

2

投资者适当性管理制度

投资者适当性管理指的是证券公司等金融服务机构在开展业务时，必须根据投资者的财产收入状况、风险承受能力、投资经验和投资需求等情况提供相匹配的金融产品或服务。投资者需要在了解金融产品或服务的基础上，根据自身的投资能力、风险承受能力等情况，理性地选择适合自己的金融产品或服务。

由于全国股份转让系统挂牌公司为中小微企业，存在经营不稳定、业绩波动大、投资风险高等特征，客观上来说对投资者的风险识别能力和风险承受能力要求很高，市场交易更加适合机构投资者参与，而非个人投资者。

正因为如此，新三板引入投资者适当性管理制度，并按照中国证监会的相关规定和《全国中小企业股份转让系统业务规则（试行）》的规定，制定了《全国中小企业股份转让系统投资者适当性管理细则（试行）》。主办券商应该根据中国证监会的相关规定以及投资者适当性管理细则的要求，制定投资者适当性管理实施方案，建立健全工作制度，完善内部分工和业务流程，并报全国股份转让系统公司备案。

此外，按照《国务院关于全国中小企业股份转让系统有关问题的决定》的精神，全国股份转让系统将定位于专业投资市场，以期逐步成为一个以机构投资者为主体的证券交易场所，因此一直积极培育和发展包括证券公司、保险公司、证券投资基金、风险投资基金、合格境外机构投资者、企业年金等机构投资者。而针对自然人投资者，则将从财务状况、投资经验、专业知识等三个维度严格准入条件，提高投资者准入门槛，切实维护投资者的合法权益，不过那些不符合适当性要求的个人投资者并没有完全被排除在外，他们可以通过专业机构发售的基金，理财产品等间接投资挂牌公司。

只不过投资者参与挂牌公司股票公开转让等相关业务，应当熟悉全国股份转让系统相关规定，了解挂牌公司股票风险特征，结合自身风险偏好确定投资目标，客观评估自身的心理和生理承受能力、风险识别能力以及风险控制能力，审慎决定是否参与挂牌公司股票公开转让等业务。

2013年12月30日，全国股份转让系统公司修订了《全国中小企业股份转让系统投资者适当性管理细则》，将自然人投资者的门槛进一步提高，从原先的300万元证券类资产提升到500万。修订的目的是为了更加审慎地控制市场风险，深化市场功能、提高市场效率，并为市场创新留出空间，而且修订之后，自然人投资者和机构投资者的标准慢慢趋同，有利于投资者适当性制度的推行和执行。

3

投资者如何参与和完成交易

通常来说，投资者参与全国股份转让系统挂牌证券的交易需要完成5个基本步骤：

1. 在全国股份转让系统网站查阅从事经纪业务的主办券商名单，然后加以选择。

2. 投资者提供符合参与全国股份转让系统股票公开转让的条件的证明材料，接受主办券商的投资者适当性审查。

3. 听取主办券商业务人员讲解，认真阅读并充分理解协议的相关内容，与主办券商书面签署《买卖挂牌公司股票委托代理协议》和《挂牌公司股票公开转让特别风险揭示书》。

4. 投资者提供开户材料，由主办券商为投资者开立证券账户及资金账户。证券账户的开立必须遵守中国证券登记公司有关规定。投资者买卖股票，应当以实名方式开立证券账户和资金账户，与主办券商签订证券买卖委托代理协议，并签署相关风险揭示书；投资者开立证券账户，应当按照中国证券登记结算有限责任公司的规定办理。

5. 主办券商为投资者名下证券账户开通交易并设置权限。

需要注意的是，新三板交易结算系统在 2014 年 5 月 19 日已经正式上线，目前，投资者都是通过深交所 A 股账户来买卖新三板股份的，未来将发生变化。

此外，投资者在参与新三板交易的时候，应该遵循相关的法律法规，按照具体约定的要求以及规章制度行事。一旦投资者存在异常交易行为或违法违规的行为，主办券商应该根据全国股份转让系统公司的相关规定予以提醒，并且向全国股份转让系统公司报告相关情况。

全国股份转让系统公司会对存在异常交易或违法违规的投资者提出口头或书面的警示，而主办券商则及时与投资者联系，并告知有关监管的要求和相关的监管措施。此外，全国股份转让系统公司有权限制出现异常交易行为的投资者的交易，而主办券商应该予以配合。

如果投资者想要顺利完成新三板一笔交易，那么可以委托证券公司的报价交易系统进行交易。如果投资者有意向，就可以将报价意向交易的股份名称和代码、账户、买卖类别、价格、数量、联系方式等内容告知证券公司，委托其代理寻找买卖对手方，达成转让协议。

除了通过委托券商报价系统寻找买卖对手之外，通过其他途径也可自行寻找买卖对手，达成转让协议。

买卖双方达成转让协议后，需要再向证券公司提交买卖确定性委托，成交确认委托中至少注明成交约定号、股份名称和代码、账户、买卖类别、价格、数量、拟成交对手席位号等内容。成交约定号是买卖双方达成转让协议时，双方应该自行约定的不超过 6 位数的数字用于成交确认委托的配对。需要注意的是，在报送卖报价委托和卖成交确认委托时，报价系统应当冻结相应数量的股份，因此，投资者在达成转让协议后，需先行撤销原卖报价委托，再报送卖成交确认委托。

4

投资者的风险

对于资本市场来说,投资能够带来收益,但往往也会带来相应的风险,新三板市场也不例外,投资者想要参与新三板的交易,想要进行投资,那么就一定要了解资本市场上普遍存在的投资风险。此外,由于新三板的业务规则与上市公司交易规则有着本质的不同,投资者在投资之前必须和主办券商签署《挂牌公司股票公开转让特别风险揭示书》的操作性文件,文件中会重点提到和解释新三板市场的特殊风险。

1. 企业风险

对于挂牌新三板的企业来说,多数都属于初创期,没有稳定盈利,甚至会面临连年亏损的情况,这种企业未来的发展不明朗,经营风险巨大,判断这类企业的价值难度相对较高,容易带来投资上的风险。而且新三板挂牌公司属于中小企业,这类企业的技术更新较快,市场反应灵敏,对单一技术和核心技术人员的依赖程度较高,因此企业的变动性往往很大,缺乏稳定性,抗压能力和抵抗风险能力相对比较弱。

2. 监管风险

如果新三板交易比较清淡,投资者就会按照 A 股的操作方式进行操作,这样就容易引起股价异动,进而触发新三板"11 项被重点监控的行为"。此外,在股份报价转让过程中,虽然主办券商会进行督导,全国股份转让系统公司也会进行监管,但是仍然没有办法避免中止交易的风险,这样会影响投资者的预期收益,对投资者的投资信心造成冲击。

3. 市场风险

相比沪深股市,新三板成交不那么活跃,流动性相对较差,投资者买入获利的机会并不算多,尤其是当企业基本面转坏的时候,想要套现离场会很困难。

4. 信息不对称

挂牌公司的信息披露标准远远低于上市公司，因此投资者想要通过披露的信息来了解公司基本情况的做法并不能真正起到多少作用，而投资者在参与市场交易时，需要如实提供个人信息，且要对提供信息和证明材料的真实性、准确性、完整性负责；投资者个人信息发生重大变化需要通知证券公司；这种信息不对称的局面实际上会影响投资。

虽然新三板的制度正在不断得到完善，但是资本市场的本质决定了新三板市场的风险不能完全避免和消失，这些风险在一定程度上会对投资者造成损失，但正因为风险的存在，才增加了投资的魅力。尤其是对于新三板来说，由于挂牌公司是成长期的中小企业，发展势头良好，但风险抵御能力偏弱，因此具备了高风险、高收益的特点，这也成为吸引投资者的一个重要因素。

第二节　主办券商

1
主办券商的业务

主办券商是代办股份转让业务主办券商的简称，是指取得从事代办股份转让主办券商业务资格的证券公司。在新三板现有的交易机制中，主办报价券商被定格为中介机构，承担着推荐挂牌、信息披露督导、代理投资者进行股份报价转让、投资者风险提示、终止挂牌等重要职能。

主办券商在新三板市场的运行当中处于中心枢纽地位，它联系着各个挂牌公司、登记结算服务机构、管理机构等各参与方。因此，主办券商在新三板市场中尤其在报价转让的交易制度之下是最活跃、最不可或缺的主导。

根据《全国中小企业股份转让系统主办券商管理细则（试行）》的规定，主办券商可在新三板从事以下部分或全部业务，包括推荐业务、经纪业务、做市业务，以及全国股份转让系统公司规定的其他业务，围绕以上三大业务会形成相关的业务链：

1. 管理咨询：帮助企业建立完善的内部控制制度；通过券商的资源为企业提供技术、人才、市场资源；为企业提供具体问题的咨询建议。

2. 股份制改制：以券商为主的专业团队，帮助企业完成股份制改制；建立董事会、监事会、股东大会等。

3. 挂牌前融资：发挥券商的投行优势，为企业引进战略投资者；通过券商的专业服务，帮助企业制定合理的增发价格。

4. 挂牌服务：帮助企业梳理自身经营情况、优劣势；指导企业进行重组、剥离，从而使之符合挂牌条件；专业的财务、法律、研究团队帮助企业提高信息披露质量。

5. 持续督导：终身保荐并持续督导，降低投资者的风险。

6. 做市商：更深入地了解企业，做市报价更加权威；以自有资金购买企业股票进行做市，客观上是对企业投资价值的隐性担保。

7. 债券融资：使企业更容易获得信用贷款、股权质押贷款。

8. 定向增发：连续多次快速增发，帮助企业按需进行融资；与交易所合作，举行增发路演。

9. 并购重组：帮助企业通过并购重组等方式，实现快速成长与资源高效配置。

10. 转板：发挥投行优势，帮助企业通过IPO、借壳上市等方式，向主板、中小板、创业板等更高层次的资本市场转板。

2

主办券商的主要责任

主办券商应该根据中国证监会有关规定以及《全国中小企业股份转让系统投资者适当性管理细则（试行）》要求，制定投资者适当性管理实施方案，建立健全工作制度，完善内部分工和业务流程，并报全国中小企业股份转让系统有限责任公司备案。

具体的责任有以下这些：

1. 应当履行投资者适当性管理职责，对投资者的身份、财务、经验、风险进行了解和评估，并做好针对投资者的风险揭示、知识普及、服务工作，引导他们的投资行为。

2. 认真审核投资者提交的材料，并与投资者书面陈述《买卖挂牌公司股票委托代理协议》和《挂牌公司股票公开转让特别风险揭示书》。投资者如果不配合主办券商的工作，提供虚假信息，主办券商可以拒绝为其办理挂牌公司股票公开转让相关业务。

3. 主办券商妥善保管投资者的档案资料，除了依法配合调查和检查外，要做好保密工作。

4. 主办券商应当保存在业务办理、投资者服务过程中有关风险揭示的语音或影像留痕。

5. 主办券商一旦发现客户交易违法违规或者存在异常交易行为，应该及时提醒客户，并向全国股份转让系统公司报告。全国股份转让系统公司对投资者的异常交易行为提出警告时，主办券商应与投资者联系，告知全国股份转让系统公司有权提出的监管要求和采取的监管措施。一些异常交易行为会受到全国股份转让系统公司的限制，主办券商应当予以配合。

6. 主办券商应为投资者提供合理的诉讼渠道，制定专门部门受理投诉，妥善处理与投资者的矛盾纠纷，并认真做好记录工作。

如果主办券商及其相关业务人员违反规定，全国股份转让系统公司可以依据相关规定采取相应的监管和处分措施。

3
主办券商的任职资格

《证券公司从事代办股份转让主办券商业务资格管理办法（试行）》第七条对主办券商的任职资格作了明确规定，证券公司如果想要申请业务资格，必须同时具备下列条件：

1. 具备协会会员资格，遵守协会自律规则，按时缴纳会费，履行会员义务；经中国证券监督管理委员会批准为综合类证券公司或比照综合类证券公司后运营一年以上；同时具备承销业务、外资股业务和网上证券委托业务资格。

2. 最近年度净资产不低于人民币8亿元，净资本不低于人民币5亿元；经营稳健，财务状况正常，不存在重大风险隐患；最近两年内不存在重大违法、违规行为；最近年度财务报告未被注册会计师出具否定意见或拒绝发表意见。

3. 设置代办股份转让业务管理部门，由公司副总经理以上的高级管理人员负责该项业务的日常管理，至少配备两名有资格从事证券承销业务和证券交易业务的人员，专门负责信息披露业务，其他业务人员须有证券从业资格；具有20家以上的营业部，且布局合理。

4. 具有健全的内部控制制度和风险防范机制。

5. 具备符合代办股份转让系统技术规范和标准的技术系统。

由于全国股份转让系统对主办券商业务实行分类管理，证券公司可以根据自己情况与意愿，向全国股份转让系统公司提出从事部分或者全部业务的备案申请。

（一）推荐业务资格

根据《全国中小企业股份转让系统主办券商管理细则（试行）》中的规定，证券公司申请在全国股份转让系统从事推荐业务资格，应当具备下列条件：具备证券承销与保荐业务资格；设立推荐业务专门部门，配备合格专业人员；建立尽职调查制度、工作底稿制度、内和工作制度、持续督导制度以及其他推荐业务管理制度；具备全国股份转让系统公司规定的其他条件。

需要注意的是，证券公司的子公司具备证券承销与保荐业务资格的，证券公司可以申请从事推荐业务，但不得与子公司同时在全国股份转让系统从事推荐业务。

（二）经纪业务资格

证券公司申请在全国股份转让系统从事经纪业务应该具备以下条件：具备证券经纪业务资格；配备开展经纪业务必要人员；建立投资者适当性管理工作制度、交易结算管理制度及其他经纪业务管理制度；具备符合全国股份转让系统公司要求的交易技术系统；具备全国股份转让系统公司规定的其他条件。

（三）做市业务资格

证券公司申请在全国股份转让系统从事做市业务应具备以下的条件：具备证券自营业务资格；设立做市业务专门部门，配备开展做市业务必要人员；建立做市股票报价管理制度、库存股管理制度、做市风险监控制度及其他做市业务管理制度；具备符合全国股份转让系统公司要求的做市交易技术系统；具备全国股份转让系统公司规定的其他条件。

4

取得主办券商资格的程序

依据《全国中小企业股份转让系统主办券商管理细则（试行）》的规定，证券公司获取业务资格的程序主要分为以下三步：

1. 提交申请书和相关文件

证券公司应当按照全国股份转让系统公司规定的方式和要求提交申请书、公司设立的批准文件、公司基本情况申报表、《经营证券业务许可证》（副本）复印件、《企业法人营业执照》（副本）复印件、申请从事的业务及业务实施方案（关于部门设置、人员配备与分工情况说明、内部控制体系的说明、主要业务管理制度、结束系统说明等方面）、最近年度经审计的财务报表和净资本计算表、公司章程、全国股份转让系统公司要求提交的其他文件。

2. 受理审查

证券公司备齐申请文件，全国股份转让系统公司予以受理，全国股份转让系统公司一旦同意备案，自受理之日起10个转让日内与证券公司签订《证券公司参与全国中小企业股份转让系统业务协议书》。

3. 出具业务备案函，并予以公告

证券公司与全国股份转让系统公司签署《证券公司参与全国中小企业股份转让系统业务协议书》，全国股份转让系统公司出具主办券商业务备案函，并予以公告。公告后，主办券商立刻在公告业务范围内开展业务。

5

主办券商的持续督导

持续督导是指主办券商遵循勤勉尽责、诚实守信的原则，对与之签订《持续督导协议》的新三板挂牌公司的日常经营、持续运营特别是公司治理、信息披露等方面进行专业的规范、引导和督促，使之符合国家法规，符合监管部门的要求。同时便捷自律地熟悉、遵循并适应新三板市场的运行规范，更好地与投资者互动和成长。

在全国股份转让系统主办券商制度下，主办券商在公司挂牌期间履行持续督导义务主要体现在几个方面：指导和督促挂牌企业规范履行信息披露义务，对其信息披露文件进行事前审查；指导和督促挂牌公司完善治理机制，提高规范运作水平；对挂牌公司董事、监事、高级管理人员及其他信息披露义务人进行培训；现场检查挂牌公司信息披露和公司治理情况；发现挂牌公司出现不规范行为，应及时向全国股份转让系统公司报告，依据具体情况发布风险警示公告。

主办券商的持续督导有利于完善公司治理结构，提高公司规范运作水平，增强市场信心，保护投资者的合法权益，并为发行制度"注册制"改革奠定基础、积累经验。此外，有助于发挥市场的培育功能，帮助挂牌公司尽快熟悉资本市场，为其持续发展奠定基础。而且优先为挂牌公司提供融资、做市、并购重组等资本市场服务，以及主办券商权责利相统一的市场化激励约束机制，有益于主办券商推荐有发展潜力的企业挂牌，与中小企业共同成长。

虽然持续督导制的推行对挂牌企业、主办券商和市场都有积极的影响，但是由于缺乏制度的法律约束力、缺失对持续督导效果的评价机构和标准、缺少主办券商持续督导的利益动力，在实际业务中，持续督导常常流于形式，普遍存在"重推荐挂牌，轻持续督导"的现象。导致执业人员专业能力较差、工作麻痹大意，业务风险比较大。而且公司没有相应的业务条线和完善的内控制度，缺乏必要的监督机制和复核机制，因此持续督导制度需要得到完善。

首先，要提升持续督导工作指引的法律层级。比如中国证监会应出台持续督导的管理办法，提高对券商的硬性规定，并加强对主办券商的持续督导工作实行业务监管，切实提高挂牌公司的合规运作水平，将督导落到实处。

其次，组织确立评价机构、制定评价标准、组织评价等等具备持续督导效果的行业评价机制，发挥证券行业自律监管作用。

第三，尽快出台"新三板"转板的绿色通道制度，加大并提前实现挂牌企业在其后续业务中的持续盈利的可能性。从而促使券商、企业更加努力提升公司资质，以加强规范运作，为日后的转板融资奠定基础。

6

主办券商的选择与更换

由于主办券商在申请挂牌新三板过程中不可或缺，企业选择挂牌新三板，就需要选择好主办券商，首先证监会规定主办券商必须具有保荐资格，与此同时，全国股份转让系统公司规定主办券商必须具备推荐资质和做市商资质。

此外，挂牌企业如果想要上市，那么主办券商应具有主持改制并申请新三板挂牌项目的经验，与企业、各中介机构的协调，与有关政府部门特别是证券监管机构的协调、风险控制水平、研发和创新能力。与此同时，还要考察其他能力。

1. 推荐能力

推荐能力主要是关注主办券商的推荐业绩、被推荐企业在行业和市场当中的正面影响力。

2. 定价能力

指主办券商对挂牌转让定价的研发能力，定价合理性。

3. 项目团队

负责项目的团队成员具有一定的比例、具有改制申请新三板挂牌经验的注册会计师和律师，而且其团队成员具有一定的稳定性。

4. 组织能力

主办券商对中介机构合作组织协调的经验和能力，与投资者的关系及其公关宣传和媒体推介能力。

主办券商对挂牌公司具有持续督导义务，通常来说双方之间的这种关系是永久性的，不过一旦挂牌公司觉得主办券商专业素养不够，工作不到位，或者由于其他原因，双方之间解除了原有的持续督导协议，那么挂牌公司可以选择更换主办券商。

拟挂牌公司如果在申请挂牌前更换主办券商的，只需要直接与主办券商自行商定，无需向全国股份转让系统公司报告。

此外，按照相关制度规定，除了主办券商不再从事推荐业务或者挂牌公司股票终止挂牌两种规定情形外，双方不得随意解除持续督导协议。已挂牌公司如果因为某种特殊原因想要更换主板办商，双方应该协商一致，而且重要的是要确保有其他主办券商来承接督导工作，事前还要报告全国股份转让系统公司并说明更换的理由。在具体操作流程中，挂牌公司和承接督导事项的主办券商应履行相应的内部决策程序。

第三节　律师事务所

1
律师事务所的主要工作和职责

全国股份转让系统公司能够对主办券商、投资者、其他证券服务机构及其相关人员的行为展开行之有效的监管，依赖于律师事务所为主办券商、投资者乃至全国股份转让系统公司提供谨慎、诚实、勤勉尽职的工作。

对于挂牌企业来说，律师事务所的主要工作在于保证改制和挂牌过程的合法性，负责法律文件的审核与起草，协助公司完善法人治理结构等，而具体来说，律师事务所的主要职责分为以下四个方面：

1. 股份改造

协助企业编制发起人协议、股份公司章程等法律文件；协助企业完善各项制度；协助企业完成股份公司创立大会；协助企业完善公司治理，建立现代企业管理制度；指导董事会、监事会、经理层人员的选举；督导企业严格按照股份公司的要求规范企业行为；参加或列席相关会议；起草或协助起草经营过程中的法律文件。

2. 申请挂牌

接受挂牌企业的委托，配合主办券商尽职调查，出具《法律意见书》；对《公开转让说明书》的法律陈述及风险把关，如有必要，可对相关问题提出专项法律意见，并对全国股份转让系统公司反馈的法律方面的意见做出回答。

3. 挂牌企业股份转让

挂牌企业在股份转让之前，需要与中国证券登记结算有限责任公司签订证券登记服务协议，办理全部股份的初始集中登记，律师事务所负责起草相应的法律文件。如果挂牌公司的部分股份满足限售条件，律师事务所帮助挂牌公司起草递交主办券商的《解除股权转让限制申请书》，说明解除限售的股份、数目和时间。

4. 挂牌公司的融资

新三板是挂牌公司融资的重要平台，而融资会对挂牌企业的股权结构产生影响，且关系到股东权益、融资结构、股东间的相互制衡以及公司的管控模式，因此需要由律师事务所参与确定融资方案。

2
律师事务所的选择

由于司法部已经取消了证券法律业务资质，律师做新三板上市业务并不需要什么特别的资质，目前律师只要取得律师证即可从事包括新三板、IPO在内的证券业务，律师事务所也是如此。

不过对于拟挂牌企业来说，为了确保能够顺利挂牌，需要尽可能选择业务能力强的律师事务所，选择时需要从三个方面来考量：

1. 专业性

从2002年年底以后，律师的证券从业资格就被取消了，至此，凡是律师都可以从事证券法律业务。但是专业性的强弱往往决定了律师事务所的能力和水平，对于拟挂牌企业来说，还是应该更多地选择那些具有证券从业专业经验和服务团队的律师事务所。

2. 沟通协调能力

沟通协调能力是律师事务所必备的技能，拟挂牌企业在考量和选择的时候，应该重点了解一下律师事务所及其律师是否能够较好地与相关部门及其他中介机构进行沟通和配合，是否能对企业领导提出的问题有清晰、敏锐的分析和判断力，并能够及时提出解决的方案。

3. 项目团队

律师事务所是一个团队，因此拟挂牌企业应该考量律师事务所的规模和业绩，并重点考察律师团队特别是主办律师的经验和水平。

第四节　会计师事务所

1
会计师事务所的工作职责

会计师事务所在整个经济发展体系中发挥着鉴证和服务的作用，目的是为了维护社会公共利益，保障投资者的合法权益，从而促进社会主义市场经济的健康发展。在新三板中，它也是不可或缺的一个重要组成部分。

对于主办券商而言，在申请进入新三板资格时要向全国股份转让系统公司提交最近年度未被注册会计师出具否定意见或者拒绝发表意见的财务报告；在接受拟挂牌企业委托推荐挂牌时，其项目小组成员中至少有一名注册会计师，在内核机构和内核会议中也必须有注册会计师，审核尽职调查并出具审核意见。

对于挂牌企业而言，在其挂牌转让前，需要披露包括公司财务会计信息的财务报告及审计报告，为了保证其中的财务会计信息与主办券商出具的推荐报告相一致，挂牌企业往往会委托注册会计师处理；在挂牌转让之后，挂牌企业每年都要揭露年度报告，而这些年度报告必须经会计师事务所的审计，对于下半年公司定向增资、公积金转增资本或弥补亏损等的半年度报告也须经注册会计师审计。

如果从流程上来说，会计师事务所的主要职责在挂牌企业的不同阶段有不同的体现：

1. 股份制改造阶段

全面审计有限责任公司改制基准日的财务情况（须由拟挂牌企业改制基准日经审计的净资产额为依据将其折合为股份有限公司的股本）；签订发起人协议后，对资产折股情况出具验资报告。

2. 申请挂牌阶段

负责财务方面的尽职调查；出具两年及一期的审计报告，申报财务报表最近截止日不得早于改制基准日；协助企业编制申报财务报表与原始财务报表差异表及差异说明；对非经常性损益界定；协助企业和主办券商与审核员就财务问题进行审核；根据审核反馈意见协助企业进行回复，同时根据审核反馈意见出具专项核查意见或说明；补充和修改完善财务资料；出具相关声明。

3. 挂牌后

挂牌之后，审计公司负责披露年度财务报告等。

2

会计师事务所的选择

全国股份转让系统公司并没有强制要求拟挂牌公司股改的会计师事务所具有证券、期货相关业务资格，不过在申请挂牌时向全国股份转让系统公司提交的财务报告应当经具有证券、期货相关业务资格的会计师事务所审计。

此外，会计师事务所最好具备相应的项目团队，负责审计项目的团队成员应有一定比例的、具有改制申请新三板挂牌经验的注册会计师，而且团队成员具有一定的稳定性。

如果挂牌公司觉得原有的会计师事务所不适合，而想要进行更换，那么根据《全国中小企业股份转让系统挂牌公司信息披露细则（试行）》的相关规定，挂牌公司一般不得随意变更会计师事务所，而应该由董事会审议后提交股东大会审计，并且应当自变更发生之日起两个转让日内披露变更会计师事务所的相关事宜。

第五节 资产评估机构

1
资产评估机构的工作任务

资产评估机构是指专门从事资产评估业务的中介机构,而所谓资产评估是指在市场经济条件下,由专业的机构和人员,依据国家有关规定,依照法定程序,选择适当的价值类型,运用科学方法,对资产价值进行评定和估算的行为。

由于新三板挂牌企业必须是股份有限公司,因此很多拟挂牌企业需要进行股份制改造,而股份制改造就需要由专业的资产评估机构对公司资产价值进行科学的、相对准确的评定和估算,并以此作为计算公司资产总额、股本总额的依据。

企业在改制时往往要对公司的资产进行评估,资产评估是阶段性很强的工作,这一工作通常是由具有证券从业资格的资产评估机构承担,资产评估严格按照相关的程序进行,整个过程一般包括申请立项、资产清查、评定估算和出具评估报告。

资产评估师的主要职责和工作体现在:

1. 在改制阶段,根据资产重组的范围和改制申请新三板挂牌方案出具资产评估报告,涉及国有资产的,应报国资监管部门备案。

2. 除有限公司整体变更为股份公司、按照审计的净资产1:1折股的以外,在资产评估后协助企业按照资产评估的结果建账。

3. 对公司申请股票挂牌及发行过程中的资产评估问题出具专业意见。

2
资产评估机构的选择

作为早期进入新三板辅佐公司挂牌的中介机构之一，资产评估机构在公司申请挂牌流程中起到很重要的作用，因此选择一家高效、专业、负责的资产评估机构对于新三板拟挂牌公司十分重要。不过市场上资产评估机构的专业水平良莠不齐，一些资产评估机构甚至以次充好，打着专业旗帜欺骗拟挂牌公司，对于拟挂牌企业来说寻找一家谨慎、负责、专业的资产评估机构并不容易，因此需要让主办券商仔细选择一家资产评估机构。

而在选择资产评估机构时，应该重点考虑资产评估机构的资质、项目团队、经验。比如资产评估机构应该具备证券从业资格；负责评估的项目团队成员应该有一定比例的、具有改制申请新三板挂牌经验的注册评估师，而且具有一定的稳定性；评估机构应当具有丰富的申请新三板挂牌评估经验。

第六节　新三板中的监管支持机构

1
全国股份转让系统公司

全国股份转让系统公司为全国股份转让系统运营管理机构，负责组织和监督挂牌公司的股票转让及相关活动，制定并完善业务规则体系，建立市场监控系统，完善风险管理制度和设施，保障技术系统和信息安全，切实履行自律监管职责。

由于新三板的规则和制度，绝大多数都是以全国股份转让系统公司的名义颁布的，故而全国股份转让系统公司是新三板市场制度和规则的"立法者"，它主要负责制定股份转让系统运行规则，监督主办券商、投资者及提供相关业务服务的机构和人员股份转让业务活动及信息披露等事项，并通过审查文件、备案登记等制度，对企业在新三板挂牌和股份的报价转让进行直接监管。

全国股份转让系统公司具体的自律监管的情形主要包括：

1. 依法对股份公司申请股票挂牌与申请定向发行、主办券商推荐文件进行审查，出具审查意见。

2. 督促申请挂牌的股份公司、挂牌公司及其他信息披露义务人，依法履行信息披露义务，真实、准确、完整、及时地披露信息，不得有虚假记载、误导性陈述或者重大遗漏。

3. 要审查挂牌公司是否符合持续挂牌条件，对于不符合条件的，要及时做出股票暂停交易或终止挂牌的决定，及时公告，并报证监会备案。

4. 面对因突发事件而影响股票转让正常进行的情况时，全国股份转让系统公司要采取技术性停牌措施；如果是因不可抗力的突发性事件发生或者为维护股票转让的正常秩序，可以决定临时停市，并及时报告证监会。

5. 建立市场监控制度及相应技术系统，配备专门市场监察人员，依法监控股票转让，对于内幕交易、市场操纵等异常转让行为，要做到及时发现、及时制止。

6. 督促主办券商、律师事务所、会计师事务所等证券服务机构和人员，诚实守信、勤勉尽责，严格履行法定职责，遵守法律法规和行业规范，并对出具文件的真实性、准确性、完整性负责。

7. 对于违反法律法规及业务规则的相关当事人，需要依法采取自律监管措施，并报证监会备案。依法应当由证监会进行查处的，全国股份转让系统公司应向证监会提出查处建议。

2
证券监督管理委员会

中国证券监督管理委员会为国务院直属正部级事业单位，依照法律、法规和国务院授权，统一监督管理全国证券期货市场，维护证券期货市场秩序，保障其合法运行。中国证券监督管理委员会简称证监会，是新三板市场的实际缔造者，也是新三板制度的规划者和推动者，更是新三板市场运作的行政监管者。按照《国务院关于全国中小企业股份转让系统有关问题的决定》的授权，证监会比照《证券法》的立法精神，制定部门规章及相关规范性文件，明确监管制度框架和专项监管要求，建立健全以信息披露为核心的日常监管体系。

证监会加强对新三板违法违规行为的稽查，由事前准入监管转向"事中、事后"监管，对新三板市场上的虚假披露、内幕交易、操纵市场等违法违规行为采取监管措施，实施行政处罚，从而保障投资者合法权益以及维护公开、公平、公正的市场秩序。

作为新三板中必不可少的监管支持机构，中国证监会对新三板的监管主要体现在以下四个方面：

1. 规则建设

证监会和全国股份转让系统公司颁布并核准大部分的新三板市场规则，从而确保新三板有效运转并与场内市场及其他场外市场有效协调。

2. 市场建设

在中国证监会的监管之下，新三板不断成长，成为为创新型、创业型、成长型中小微企业提供服务的场所，而新三板的扩容和发展推动了国家产业机构调整和经济发展方式的转变，又激活了民间投资，是发挥市场在配置资源中的决定性作用的一个非常重要的战略举措。

3. 制度建设

证监会推动并监管新三板市场建立起完整的制度体系：

《国务院关于全国中小企业股份转让系统有关问题的决定》规定，全国股份转让系统是经国务院批准，依据《证券法》设立的全国性证券交易场所，这个规定确立了新三板作为全国统一场外交易市场的法律地位。

《非上市公众公司监督管理办法》建立了与当前市场现状及投资者成熟程度相适应的投资者适当性制度。

《全国中小企业股份转让系统有限公司管理暂行办法》规定了挂牌股票转让可以采取做市方式、协议方式、竞价方式或证监会批准的其他转让方式，全国股份转让系统试行主办券商制度。

《全国中小企业股份转让系统股票转让细则（试行）》明确相关交易结算制度的实施涉及系统开发、测试以及市场参与各方的技术衔接。

《全国中小企业股份转让系统做市商做市业务管理规定（试行）》明确了做市商制度。

4. 资本市场的整体协调

证监会担负着协调新三板与场内市场关系的重任，负责合理调配金融资源，保证特定市场的有效运转。而且正是因为它对于新三板的支持与推动，加固了新三板在多层次资本市场的地位，并提升了其与股权交易所、产权交易所等平行场外市场的竞争优势，从而推动新三板更快更好地发展，使之成为上接交易所市场、下接区域性股权市场的具有承上启下的市场平台，而全国中小企业股份转让系统建设将成为一个充满活力、包容性强、富有特色的综合性金融服务平台。

3
证券结算登记机构

中国证券登记结算有限责任公司（简称中国结算）是经中国证监会批准、依据《中华人民共和国证券法》组建的证券登记结算机构，主要承担我国证券市场的登记存管、结算业务。全国股份转让系统公司与其签订业务协议，并报证监会备案。

中国结算为了规范全国股份转让系统在挂牌的非上市公众公司股票转让登记结算业务，明确参与各方的权利和义务，防范登记结算业务风险，根据《公司法》《证券法》《非上市公众公司监督管理办法》等法律法规以及相关的规章制度，于2013年12月30日制定《全国中小企业股份转让系统登记结算业务实施细则》，采取我国A股市场净额担保结算为主的结算模式，这种模式有助于多层次资本市场发展，并保障系统能够安全高效运行。

中国结算办理拟在和已在全国股份转让系统挂牌股票的登记、存管及结算业务。中国结算可以作为结算参与人的共同对手方，对挂牌公司股票转让提供多边净额结算、担保交收服务，也可根据股票转让业务的具体情况及市场需求，不作为共同对手方，提供逐笔全额结算等其他结算服务。

（一）账户管理和申请开立资金账户

账户管理分为用以办理本公司与结算参与人证券集中交收的证券集中交收账户、用以办理本公司与结算参与人资金集中交收的资金集中交收账户、用以存放本公司扣划的交收违约结算参与人自营类待处分证券或其指定的其他待处分证券的专用清偿证券账户、用以存放暂不交付给交收违约结算参与人待处分资金的专用清偿资金账户，以及本公司根据业务需要设立的其他清算交收账户。

申请开立资金账户包括用以办理结算参与人与本公司证券交收以及结算参与人与其客户的证券交收的证券交收账户、用以办理结算参与人与本公司的资金交收的资金交收账户、用以存放结算参与人申报的资金交收违约客户的证券处置账户，以及根据业务需要设立的其他清算交收相关账户。

（二）股份登记与存管

股份登记包括初始登记、变更登记和退出登记。

初始登记是指拟挂牌企业与中国结算签订《证券登记及服务协议》，获得全国股份转让系统的审查意见及证监会的核准文件，中国结算审核无误后，为其办理股份初始登记，并出具股份登记证明文件。

变更登记是指拟挂牌公司的申请材料有误，需要更正初始登记结果，中国结算依据生效的司法裁决或中国结算认可的其他证明材料办理更正手续。

退出登记是指挂牌公司终止挂牌，不再委托中国结算继续为其提供股份登记服务，按规定办理股份退出登记手续。之后，中国结算在公司网站、全国股份转让系统公司指定的信息披露平台或者证监会指定的报刊上发布终止挂牌公司提供登记服务的公告。

股份存管是指中国结算存管主办券商的自有股份和投资者托管的挂牌公司股份。做市商应当将其做市股份托管在专用托管单元。投资者通过单个或多个主办券商的不同交易单元以同一证券账户买入股份，并托管在交易单元所对应的托管单元。投资者可以通过托管单元对应的交易单元卖出股份，如需通过其他交易单元卖出股份，应当通过转出的主办券商办理股份转托管。

需要注意的是，中国结算还具有其他相应的职能，比如证券持有人名册登记及权益登记，受发行人的委托派发股份和证券权益，终止挂牌后继续提供股份登记服务。

(三) 交收和结算

主办券商及其他机构参与挂牌股票转让结算业务的，应该取得中国结算的结算参与人资格。中国结算按照分级结算的原则，办理公司与结算参与人之间或结算参与人相互之间的清算交收；结算参与人负责办理其与客户之间的清算交收。

中国结算代为办理结算参与人与客户之间的股票划付，结算参与人的资金交收账户可以办理多边净额结算（指每个转让日收市后，结算公司根据全国股份转让系统发送的股票转让成交数据和相关非交易数据，以结算参与人为交收对手，轧差计算出各结算参与人资金交收账户应收或应付资金净额、证券交收账户各类股票的应收和应付净额，形成当日净额清算结果，并及时通知结算参与人）和逐笔全额结算（指中国结算按照双方结算参与人的委托组织办理股票转让的清算和交收，不承担共同对手方责任）等其他结算业务的资金交收，收付款双方协议约定或付款方确认的数据办理资金划付。如果付款方资金不足，则划付失败。中国结算将根据股票转让业务发展情况和市场需求，对逐笔全额结算、代收代付等服务提供不同的清算交收周期安排。

PART SIX 第六章
新三板的现状与未来

第一节　新三板的现状

1
挂牌企业的特点

从新三板挂牌企业的发展情况来看，主要存在以下几个基本特点：

1. 企业数量明显提升

2007年的时候，新三板的挂牌企业不过24家，一年之后，挂牌企业增加到41家；2009年，新增了18家挂牌企业，之后逐年增加；2013年8月，新三板的挂牌企业达到了364家；2014年，企业数量开始突破一千的大关，2014年年末，新三板挂牌企业数量为1572家；进入2015年以来，新三板挂牌企业数量迅猛增加，在半年的时间里就迅速增加了近一千家企业。据统计，在2015年8月31日，挂牌企业数量达到了3359家，年底有望突破四千家，因为目前仍有几百家正在等待审核，而有意向挂牌新三板的企业多达几千家。

2. 企业规模总体偏小

虽然挂牌企业中不乏注册资本超过亿元甚至是几十亿元的大公司，这些大规模的公司从整体上提升了挂牌企业的规模。不过对于多数挂牌企业来说，注册资本不足5000万元，有很多甚至在1000万元以下，因此，从整体上来说，新三板挂牌企业普遍上存在规模偏小的特点，经营波动性也比较强，不过随着新三板的日益完善，以及一些优秀挂牌企业的参与和市场的自动调节，这种情形逐渐会得到改善。而且对于投资者来说，企业的规模和发展情况并不是其看重的唯一要素，企业未来的发展潜力才是真正值得期待的。

3. 融资规模良好

从目前的发展情况来看，新三板市场的活跃度显著上升，融资额也逐年上升。比如2013年全年融资金额达到了10.02亿元，而仅仅是2014年上半年，股票发行的融资额就达到了52亿元之多，全年是130多亿元。2015年上半年，新三板市场的融资额度已经超过了300亿元，而且目前揭露发行预案拟融资的额度是610亿元，以此来看，全年直接融资额达到甚至是突破千亿元大关非常值得期待。

4. 新三板所属行业广泛

以2014年的调查报告为准，挂牌企业主要还是来自传统行业和新经济行业，而且集中在制造业和信息传输、软件和信息技术服务业这两大行业，其中制造业居于第一位。与此同时，挂牌企业也不排除其他产业的企业，行业范围分布很广，像在一些新经济服务行业中也出现了很多挂牌企业，比如在租赁、商务服务业、居民服务、修理和其他服务业、卫生和社会工作等行业均出现多家挂牌公司。

5. 地域分布广泛

挂牌企业主要集中在中小企业比较发达的地区，北京、江苏、上海以及广东都是其分布最广泛的区域。像东部省份的挂牌企业最多，中部地区次之，西部省份的挂牌企业数量最少。尽管如此，挂牌企业的地域覆盖面还是很广，基本涉及了各个省市地区，而且服务深入到县级区域的经济内，这体现出了国家对地域趋于均衡以及协调发展的大力支持。

2
挂牌企业交易的特点

新三板经历了试点、扩容等阶段，逐渐发展成为资本市场中不可或缺的一部分，在发展过程中，新三板的挂牌企业数量越来越多，范围也越来越广，而在交易方面，新三板挂牌企业也具有鲜明的特点：

1. 新三板企业的交易总量逐年上升

相关的调查数据表明，2007年，新三板产生交易共4324.834万股，到了2008年，增长为5380.6581万股。2010年达到6886.3万股，而在2011年，交易股数合计达到9544.3万股，全年成交金额为5.84亿元。2013年，总股本为97.1655亿元，全年成交额为8.1396亿元。截至2015年8月31日，总股本达到了1735亿股。

2. 新三板挂牌企业交易并未十分活跃

长期以来，新三板处于"挂牌热、交易冷"的尴尬状态，很多企业挂牌新三板的意愿比较强，但仍有部分中小企业对是否进入新三板心存疑虑，而投资者更是如此。因为新三板主要采用协议转让的交易制度，虽然适用于买卖双方熟悉的、易于定价的产品，但股权投资等专业性较强的产品则不适用这类简单协商成交的方式。

正因为如此，近几年的新三板交易偏于冷清，2013年的全年成交额仅仅为8.14亿元，大批挂牌企业甚至常年没有交易。2014年虽然有所回升，仅仅在1月~9月15日期间，总成交额就达到了55.45亿元，不过和场内市场动辄上万亿元的交易额相比，水平显得很低。而且新三板的年换手率也大幅低于其他板块市场。

3. 交易模式多元化

在新的交易规则安排下，市场上最终会出现协议交易模式、竞价交易模式以及做市商交易模式，这三种不同的交易模式完全可以满足不同类型企业主体的要求，挂牌企业可以按照自身的发展状况，和主办券商协商决定具体采取哪一种交易模式，并且依据需求更改交易模式。

虽然目前仍然以协议交易模式为主，但是随着独立的集合竞价系统和做市商制度的相继推出，且伴随着最小交易单位的下调，未来新三板的交易会出现三种模式并存的情况，这样有助于提升新三板的流动性，交易也会变得更加频繁，最终确保新三板能够与国际市场接轨。

3
新三板股份交易受限的原因

虽然新三板的发展势头良好，挂牌企业的数量越来越多，市场的相关制度越来越完善，市场的作用也越来越大，不过从新三板股权交易的现实情况来看，交易并不活跃、交易规模始终偏小，而造成这种表面上火爆，实际上清冷的原因就在于：

1. 自然人投资者门槛较高

500万以上的资金要求极大地限制了自然人参与到新三板市场当中，虽然新三板设置投资门槛的目的是为了限制自然投资人的参与，可是对于一个成熟的繁荣的资本市场来说，自然人投资者是不可或缺的一部分。自然人投资者的投资规模尽管比机构投资者小很多，经验也不够丰富，且更多时候喜欢投机。可是对于市场来说，投机性能够有效增强股票的流动性，从而繁荣股市，如果将喜欢投机的自然人投资者拒之门外，新三板的交易自然会受到很大的影响。

2. 机构投资者偏多

新三板的目的是为了打造一个以机构投资者为主的市场，不过从交易层面来讲，过多的机构投资者并不一定就是好事，因为机构投资者通常不希望出售股份，它们的最终目的是希望通过企业上市后退出来获得差价，因此并不希望也不愿意出售手中持有的股份，这样就导致了股权交易份额的缩小。

3. 自然人股东不希望出售股份

作为新三板挂牌企业的自然人股东，他们深知企业能上新三板，就是因为企业的业绩、业务类型、管理能力比较出色，企业本身的发展前景被看好，上市的可能性也会增加。在这种大好形势下，股东并不愿意出售手中的股份。另外，股东多半是企业创始人，他们不会轻易将自己的心血让给别人，而且他们也明白如果自己和其他股东纷纷抛售股份，会让外在的投资者察觉到企业的发展一定遇到了困难，导致业绩下滑，这显然会直接影响到投资者慎重接盘。

第二节　新三板的分层

1

分层的背景和原因

随着我国证券市场规模的不断扩大和强劲的企业上市需求，证券交易机构原有分工格局已经不能适应发展的需求。比如目前的多层次市场存在上市标准交叉和市场定位重叠的问题，各层次之间容易同质化，不同发展阶段的公司与不同层次的资本市场之间常常无法实现有效对接，这样就影响了资本市场服务战略新兴产业发展的能力。

我国资本市场现有的市场体系和发行制度更多地考虑了成熟企业的特点，而专门针对战略新兴产业的制度安排并不多，加上战略新兴产业具有创新的先导性、复杂性和不确定性，股权结构和结构都比较特殊，这类企业常常因为不具备条件而难以真正进入资本市场。

此外，未来新三板的挂牌企业数量要远远超过沪深交易所，而且它们之间有着本质的区别。为了满足挂牌企业的投资需求，实现市场内部的分层管理已经势在必行。具体来说，新三板分层的必要性体现在以下几个方面：

1. 我国资本市场发展的内在需求

随着挂牌企业的增多，统一的交易规则和监管政策难以满足挂牌企业各个方面的需求，新三板应该根据挂牌企业的业绩优劣、所属行业、市值规模、流动性等指标划分多个层次，从监管措施、交易方式、投资者适当性等方面对整个市场进行分层管理，以差异化的方式为挂牌企业提供有针对性的服务。

比如资质高的企业可实行上市企业惯用的竞价制度；资质中等的企业为了

提升流动性，可以实行做市商制度；资质偏低的企业以规避风险为主，主要实行协议成交方式。挂牌公司的相关指标满足或者不达标，就可任意转换这三种交易方式。

2. 监管部门进一步细化监管的需要

资本市场出现了上市企业不同发展阶段和量身定制产业板块的双重标准，而证监会明确表态减少行政干预，从而加快证券交易机构去行政化改革，通过对细分市场的研究，进一步提升服务能力和水平。由于不同规模的公司需求和特点不一样，需要进行差异化的定位和衔接，市场分层能够实现差异化服务和分类监管，同时也能有效对接多层次资本市场，发挥好承上启下的作用。

随着证券市场竞争的加剧，监管部门要淡化主板市场与新三板市场的业务划分标准和分工，而应该加强监管服务功能和服务意识，给企业在上市的机构和转板更大的自主权，更方便证券投资。

3. 适应世界经济发展的趋势

我国的资本市场结构和美国的资本市场结构有些类似，美国的纳斯达克资本市场就相当于我国的新三板市场，而纳斯达克获得成功的重要原因就是推行市场分层以及转板制度，这样就充分发挥出了市场选择企业的功能。比如，2006年2月，纳斯达克宣布将股票市场分为"纳斯达克全球精选市场""纳斯达克全球市场""纳斯达克资本市场"三个层次，从而进一步又分了市场结构，从而吸引了不同层次的企业上市。

4. 新三板自身综合发展的结果

从一开始，新三板对企业的限制就很少，企业规模无要求、不设硬性财务指标、交易方式多样化、行业领域广泛，这些特点证明了新三板的包容性，导致新三板市场不断扩容。

而在扩容的大前提下，新三板更加适合按照企业业绩、规模和行业等划分指标来分出大中小三个层次，构建内部三个市场，从而完善属于自己的企业准入、孵化、培育、发展、壮大模式，具备自成一体的市场功能，成为中国未来的纳斯达克。

2
市场分层的意义

对于新三板市场而言,市场分层机制的推出不仅势在必行,而且也对新三板的发展很有帮助,因为市场分层具有很大的优越性。

1. 便于挂牌公司多元化融资

新三板的覆盖面非常广,包含各种类型、规模以及不同发展阶段的企业,分层管理制度的实施实际上对应了挂牌企业进行多元化融资选择,未来在推出公司债券、可转债、优先股等一系列新型融资工具时,不同层次的内部市场可以按照自身的实际情况及需求进行选择。

2. 便于投资者甄别

新三板的发展非常迅速,扩容速度很快,挂牌企业数量众多。加上挂牌公司本身具有小规模、高科技、初创期、细分行业等特征,给投资者的甄别和选择带来困难。分层管理和归类的方式有助于降低信息的不对称性,帮助投资者更好地甄别合适的投资标的,从而有效提升市场的流动性,规避投资风险。

3. 便于挂牌企业提供个性化服务

对整个新三板市场而言,内部分层表现为多层次资本市场体系的进一步细化,内部各层次的互通流转为未来实施转板提供有益探索。目前转板机制虽得以明确,不过这条"绿色通道"并不适合所有挂牌企业,转板成功的企业寥寥无几。新三板作为企业孵化器,如果实施分层管理,就能够为企业在不同阶段提供有针对性的服务,把好的企业留下来。

3

新三板分层设计的难度和发展方向

新三板的差异性日益凸现出来，制定市场分层方案迫在眉睫，不过实现市场分层并不容易，要经过细致的论证和设计考量，因为从目前来说，想要实现新三板分层设计，首先要解决三个难题：

1. 如何鉴别差异性划分标准

目前来说，挂牌公司的差异化主要体现在股本、营收情况、行业、股权分散度等方面，虽然新三板挂牌企业越来越多，但是所体现出来的差异化还不能体现全面的差异性情况，也许还需要采集更多的样本进行分析。此外，市场上公司的情况还不够全面，不足以代表新三板市场将来公司结构特点。

2. 指标筛选问题

在样本充足的条件下，如何划分和采用鉴别差异化标准的指标是下一步需要研究推进的重要工作。

3. 如何架构差异化监管服务体系

分层的目的是为了更好地向中小企业提供有针对性的服务，但面对市场挂牌企业差异性较大的情况，无论是信息披露、转让交易、融资监管，还是投资者适当性管理等制度的设计，都应该做到科学、合理且具备可操作性。

除了要解决新三板市场分层所遇到的难题之外，分层管理制度实施方法和新三板发展的方向也是一个值得关注的课题。未来新三板究竟会发展成为怎样的资本市场，最适合成为什么样的资本市场，这些都是新三板发展中需要解决的问题。

新三板挂牌企业没有盈利限制、行业限制、股东限制，因此并不适合公开发行募集资金，而采取定向募集资金的方式，不过随着新三板市场的成熟，未来获得IPO发行权是大势所趋，新三板挂牌企业IPO必定会出现。而从目前新三板的发展态势来看，较低的准入门槛实际上使新三板具备了极大的包容性，导致新三板市场更加适合成为一个综合性资本市场,而直接参照的发展对象就是美国的纳斯达克。也就是说,新三板内部按照挂牌企业的业绩、规模、行业等再细分为大、中、小市场,努力构建起一个综合性资本市场,并与沪深市场形成三足鼎立的竞争态势。

4
国内外场外市场的分层体系

想要更好地推行新三板市场分层制度,就应该参照国内外一些场外市场的分层体系,其中值得参照的三个场外市场分别是美国的纳斯达克资本市场、美国的 OTC Markets(粉单市场)以及台湾地区三层次垂直构架体系的场外市场。

1. 纳斯达克资本市场

1982 年,纳斯达克首次进行市场分层,将市场内部划分为纳斯达克全美市场体系和纳斯达克小市场体系,前者汇集了大批顶尖级公司,上市标准也很高,而后者则由 200 多家小公司组成,上市标准较低。

2006 年 2 月,纳斯达克资本市场分为纳斯达克全球精选市场、纳斯达克全球市场以及纳斯达克资本市场。纳斯达克全球精选市场中都是优质公司,在财务和流通性方面的要求标准高于世界上其他市场;纳斯达克全球市场是纳斯达克最大且交易最活跃的股票市场,上市企业必须满足严格的财务、资本额、共同管理等指标,因此其中不乏一些世界上最大和最知名的公司;纳斯达克资本市场专为成长期公司提供挂牌,有 1700 多只股票挂牌,主要执行小型资本额等级的上市标准,财务指标没纳斯达克全球市场那样严格,但共同管理标准一样。当小资本额公司发展稳定之后,通常会提升至纳斯达克全球市场。

2. 美国的 OTC Markets(粉单市场)

该市场创立于 20 世纪初,目前是美国最大的场外交易市场。粉单市场原则上并没有最低挂牌标准,交易规则很少,挂牌公司也无需向美国证券交易委员会报告,但是美国金融业监督局对做市商监管非常严格,挂牌公司一旦出现公司名称变化、分红、拆股、缩股、并购、解散、破产、清算等情况，需要在登记日前10天向美国金融业监督局通报。

2007年，粉单市场进行多层次体系的建设，市场分层为OTCQX、OTCQB、OTC Pink。其中OTCQX分为美国板和国际板，为已在境内外交易所上市或符合上市条件但不愿履行美国证券交易委员会报告义务的公司；OTCQB的报价公司为向美国证券交易委员会注册并履行持续信息披露要求的公司；OTC Pink按照报价公司信息披露的程度细分为"正常信息""有限信息""无信息"三个层次。

挂牌企业可以在粉单市场的三个层次之间建立完善的转板机制，可以自觉转层，而一旦OTCQX的挂牌企业得到市场认可，就可以升级到纳斯达克资本市场上市。

3. 台湾场外市场

我国台湾场外市场主要分为兴柜市场、创柜板、盘商市场3个层次，兴柜市场由推荐券商承担做市商义务，是唯一使用议价交易的市场。但兴柜市场股票发行的公司规模小、成长性高，且易于转板上市或上柜市场；创柜板成立于2014年1月，主要为创新技术、创意型微型企业提供股权筹资，并无交易功能；盘商市场属于非公开的私人股权交易市场，以专门从事未上市股票交易经纪业务但不具备券商资格的商人为中介进行。经纪人接受委托，通过电话、互联网等从事非上市股票交易活动。盘商市场的股票流通性低，交易成本高，筹资效果有限，而且随着兴柜市场的设立，盘商市场明显缩小，但它仍是中小企业的筹资渠道之一。

在市场结构体系、运营机制和上下转板制度的综合作用下，兴柜市场的流动性始终非常活跃，而且具备高效的孵化效应，兴柜市场挂牌企业的上市和下柜数量始终保持在一个稳定的水平。

第三节 新三板的转板

1
什么是新三板转板

转板是指根据公司规模、财务指标、股份构成和信息披露等不同要求，公司在证券市场之间转换上市或挂牌进行股份转让、交易。转板通常包含三层意思：不同证券市场之间的转板；交易所和场外市场之间的转板；场外市场之间的转板。

新三板的转板实际上指的就是新三板股票转到其他资本市场，或者其他资本市场股票转移到新三板市场，而这种转板机制实际上是新三板发展以及资本市场发展的必然要求。因为为了进一步规范资本市场，并促进资本市场发展，主板、创业板、新三板之间需要建立起良好的衔接机制，但是由于它们分属于不同的交易所，想要实现衔接并不容易，而运行良好的转板机制就是这种衔接机制的必然选择。

尽管部分新三板企业已经通过 IPO 的方式登录中小板、创业板，但是众多新三板企业及其投资人依然希望能够在新三板和其他板块之间建立起更加高效便捷的转板通道，以改变目前新三板挂牌企业必须通过与其他普通企业相同的 IPO 程序登录其他板块的现状，简单来说，就是越过 IPO 的程序，不做公开发行这个环节，直接转到 A 股上市。而目前不通过公开发行，只需要通过证监会公开转让股份的审核就可以进入 A 股，并没有什么法律障碍，只需要看监管部门具体的政策安排。

转板能够使企业在资本市场的不同层级之间自由流通、优胜劣汰，能够有效促进资本市场的发展。

1. 疏通各层级资本市场

新三板转板机制的建立能让公司在主板、中小板、创业板、新三板市场之间互相流通，使得不同层次的市场能够找到适合自己的公司，而公司也能找到与之相匹配的市场。由于不同层次的市场具有不同的挂牌、融资标准以及运行机制，因此能够满足不同发展阶段的企业融资和股份转让的需求。并且使得整个资本市场成为一个有机的整体，而定位明确的各个层级市场又各自具有独立的估值系统。这样有助于调整产业布局，优化增量资产的投向和结构，扶植优质企业，淘汰落后企业，提升整个社会的资源配置效率。

此外，转板制度融通各层次资本市场给企业发展带来很大的帮助，当企业发展到一定阶段后，一旦符合进入高一层次市场的条件，就可以实现转板，从而扩大投资基础、吸引更多的投资者购买股份。这对于提升企业股票流通量、吸引投资资金、方便银行贷款、引入合适的战略合作伙伴、提高企业知名度、优化股权结构都有帮助。而且降级退市的制度有利于保护市场信誉，培育市场竞争机制，帮助投资者提升投资效率。

2. 退市制度的有益补充

目前我国资本市场存在新股发行溢价过高和缺乏退市机制、市场内部"肠梗阻"的弊端，转板制度实际上打通了不同层级市场之间的渠道，使符合条件的上市公司可以转板到另一层级资本市场，使企业在市场上优胜劣汰，自由流通。

2
转板的路径

新三板挂牌企业实现转板可以通过多种方式，目前存在或者正在筹划的方式分为三种：

1. IPO

目前 IPO 是新三板企业实现转板最常见的方式，已经有多家公司通过 IPO

实现转板，而也有多家挂牌公司透露出通过 IPO 转板的计划。不过通过 IPO 的方式转板是一个漫长的过程，对新三板挂牌企业来说优势并不明显，不确定性因素也比较多。

2. 借壳上市

对于那些在新三板挂牌的企业来说，如果自身发展和增长存在问题，那么就需要在销售渠道、产品技术、产业整合方面与其他相应资源的企业进行联合才能实现更好的发展，而通过被收购或借壳上市的方式通常可以比 IPO 方式能更快地实现上市。

3. 直接对接创业板

直接对接创业板是目前监管层着力筹划的路径，虽然 A 股市场相关制度尚未推出，但这种转板形式在其他成熟的资本市场已经成为一种惯用的操作方式，因此成为中国资本市场未来的发展趋势。目前创业板上市的门槛很高，依据《首次公开发行股票并在创业板上市管理暂行办法》的规定，在创业板上市的企业需要满足相应的财务要求，包括最近两年净利润累计不少于 1000 万元且持续增长；或者最近一年盈利，且净利润不少于 500 万元，最近一年营业收入不少于 5000 万元，最近两年营业收入增长率均不低于 30%；净利润扣除非经常性损益前后孰低者为计算依据。这些条件阻挡了一大批企业实现转板的可能，而且创业板机制和企业的首次公开发行配合在一起，这也影响了转板，为此需要进行改革和调整，适当降低转板创业板的门槛。

3

转板的绿色通道

新三板的转板绿色通道指的是新三板等场外市场的挂牌企业，在自愿的前提下，可以通过一条专属于新三板等场外市场挂牌企业而有别于普通企业的途径，来进行首次公开募股，最终达到在创业板、中小板、主板上市的目的。

目前在普通企业 IPO 通道中排队的企业众多，开辟新的绿色通道来完成发审程序，会提升新三板挂牌企业 IPO 的效率，进而促进新三板市场的繁荣，使其成为高新企业上市的孵化器。此外，转板绿色通道的建立体现了新三板市场区别于其他资本市场的独特之处。

尽管这条绿色通道能够为转板带来很多便利，但在现行状况下，打通新三板仍旧面临一些障碍，因此需要想办法解决以下这些问题：

1. 监管机构与市场平台职能的转换、界定

监管机构与市场平台职能的转换、界定具体包括：如何重新界定政府监管机构、市场平台和其他市场中介的职责和义务；如何推动"监审分离、下放发审，程序核准，保留否决"；如何保证挂牌企业能够真实、准确、充分、完整地披露相关信息等。

2. 转板机制配套制度的完善

为了实现成功转板，除了拥有完善的转板机制以外，还需要完善转板机制的配套制度，而在转板配套制度中，最重要的就是做市商制度。新三板需要建立完善的做市商制度：

做市商应该利用自身优势，在强制性、竞争性的公开双向报价制度的约束下，准确判断上市公司价值、股票二级市场走势，报价并买卖公司股票。

做市商应该利用自有的做市资金，随时应付任何买卖，确保在买卖双方没有等到对方出现的情况下，做市商也可出面承担另一方的责任，使交易顺利进行。

做市商需要综合分析市场所有参与者的信息以衡量自身风险和收益，然后形成自己的报价，投资者可在报价基础上进行决策，并反过来影响做市商的报价，这样就能促使证券价格逐步靠拢其实际价值，以此实现市场的价格发现功能。

做市商要避免违法违纪行为，比如暗箱操作等。

3. 建立恰当的转板规则

完成与转板机制相关的制度设计之后，需要制定转板规则的标准。具体可参照美国场外市场转板机制的建设经验，即当公司满足了主板、创业板市场的相应标准后，就可以从场外柜台交易系统直接转板到相应板块。

4
转板制度的设计

在我国资本市场体系中，新三板成为一个日益活跃的资本市场，越来越多的企业进入新三板挂牌，目的是为了规范公司治理和实现融资需求，但还有一个重要原因就是想要实现转板上市，而转板上市就需要设计和建立起完善的转板制度。转板制度是市场运行的重要制度之一，它立足于长远，且关系到企业和市场未来的发展，具有很强的导向性作用。作为多层次资本市场中的一环，转板制度不可或缺。

在设计新三板转板制度的时候，相关制度的推出也需要慎之又慎，千万不可贸然行事。

证监会曾在 2014 年 5 月 19 日提到支持尚未盈利的互联网和高新技术企业在新三板挂牌一年后到创业板上市，而对于其他类型的企业，证监会可能会要求其具备诸如达到一定的挂牌年限、一定程度的股权分散度、公司的治理和信息披露、财务门槛等方面的规范条件。

在具体的制度设计过程中，采取直接转板制度，即在低级证券市场上市的公司如果符合在高级证券市场上市条件，可以直接转至高级证券市场挂牌上市的制度，以此来区别于首次公开发行制度。

同时需要充分参照外国资本市场建设的成熟经验，尤其是美国纳斯达克资本市场，规定财务标准、流通股本数量、公司股价和股东人数。同时也要参照创业板、中小板、主板的要求，并根据我国资本市场股票价格波动较大的实情，考虑用最低市盈率的条件来替换最低股价的条件。

当然，新三板转板制度的建设必须为新三板市场的建设和发展服务，转板制度的设计需要考虑到以下几个基本要求：

1. 是否能够增强新三板的流动性

一个证券市场是否成功，关键看市场的繁荣程度，也就是流动性，流动性好的市场才能够满足上市企业融资和投资者获利的双重目的。一旦设计出的新三板转板制度能够鼓励更多的企业和投资者参与到新三板市场当中，就可以增强流动性，从而活跃市场，有效确保市场的繁荣。

2. 是否能加强融资功能

繁荣的市场离不开大量的买方和卖方，其中买方就是指投资者，卖方是挂牌企业。如果转板制度的设计能够吸引更多的投资者进入市场，就可以增强新三板的融资功能，让挂牌企业持续稳定地获得融资，这样就可以吸引更多的企业进入新三板。

3. 是否实现板块间的自由流动

在新三板和创业板之间建立的转板制度，如果能够自由流动，为企业开辟转板的绿色通道，给予新三板企业较之 IPO 更为便捷的转板上市机会，那么就能吸引更多的挂牌企业和投资者进入新三板。而反过来说，越来越多的挂牌企业和投资者进入新三板，那么就可以增强新三板的流动性。

在转板制度的设计过程中，以上三个要素必须考虑进去，只有这样，才能真正建立起我国各个层次的板块之间相互联系的转板制度，实现企业在各个层次资本市场的自由流动。

5

未来挂牌企业实现转板的条件

目前一些从新三板转板到创业板或中小板的挂牌企业，通常都是因为达到了创业板和中小板的上市条件后才成功转入 A 股上市的，这可以看做是新三板企业实现转板的先决条件。如今转板制度还尚未完善，在具体的明确的转板条件出台之前，企业更应该做好内功，提升自己的水平。

实际上，无论未来转板条件如何设置，拟转板企业想要转板到创业板或中小板，必须要在股本规模、业绩提升、股权分布、规范运作等方面做好充分的准备。

1. 股本规模

尽管目前新三板挂牌公司的成立不再有 500 万元的注册资本要求，而且企业的股本规模与净资产规模、营利规模没有必然联系，不过想要转板创业板上市，必须拥有一定的股本规模。股本规模越大，就越能够适应未来市场活跃的交易，而筹码太少就会导致每手交易价格过高、过于集中的状况。参照那些成功实现转板企业的转板经验来看，企业应该通过经营积累以及定向增发至少要将股本规模做到 3000 万元，才能满足未来转板的需要。

2. 收入和利润等业绩的提升

对于未来的上市企业来说，营利规模的要求逐渐弱化，但企业最终的目的仍在于营利，对于那些营利不够出色的企业来说，至少应该在收入的增长趋势方面体现出企业的成长性，而这是投资者重要的考量标准。因为一旦收入呈现下降趋势，那么即便企业能够满足转板上市的基本条件，也很难获得投资者的青睐和追捧，上市就比较困难。此外，良好的经营业绩能够支撑资本的运作，是企业实现转板的重要保障。

3. 股权分布

沪深交易所都规定了中小型企业的社会公众股至少要占到公司发行在外股份总额的 25% 以上，特别大型的企业为 10% 以上，这样做的目的是为了确保上市公司在交易过程中有足够的股份用于交易，从而具备一定的可交易性和流通性。从这一方面来说，新三板挂牌企业需要完善股权结构，不能在转板前将股份全部控制在控股股东、实际控制人以及公司高层人员手中，而应该吸纳更多的社会公众投资者来分散股权，确保股权的分散性和多元化，满足直接转板上市要求。

4. 规范运作

一些公司治理及内部控制不合理的企业往往会在上市之后爆发出各种问题，给投资者造成重大损失。因此监管层希望中小企业先在新三板挂牌，接受资本市场的洗礼，逐步规范自己的运作，梳理和整顿公司的治理规范和内控机制，提升管理水平，为实现转板打下坚实的基础。

6
新三板转板的审批

新三板挂牌企业如果向证券交易所直接申请上市，就需要进行严格的审批，而审批的重点主要集中在以下几个方面：

1. 无形资产出资

审批的时候需要重点关注无形资产存在是否比例超标、权属不清晰、估值不合理以及评估程序瑕疵等状况。

2. 验资程序瑕疵

2004年北京市工商局规定，企业持银行出具的《交存入资资金凭证》即可办理工商变更登记，无需验资报告，而验资程序出现瑕疵显然违反了上位法，对此应该予以重点说明。

3. 股权比例分散

审批应该重点关注的内容在于，控股股东股权比例较小，控制力较弱，需要采取补充锁定措施。

4. 同业竞争明显

审批的时候要注意比较明显的同业竞争情况，比如企业和股东存在同业竞争，或者和主要股东以其设立公司造成的同业竞争。

5. 关联交易重大

一旦与股东存在金额较大的关联交易，需要及时消除。

6. 整体变更未缴纳个税

整体变更时应该按照20%的财产所得税缴纳个人所得税，审批时要重点注意这一点。

7. 存在股份代持

股份代持即所谓的名义持有人和实际持有人不一致，如果出现此类状况，应该核查代持原因并予以清理。

8. 红筹架构拆除

对于有过海外上市动机的企业来说，应该将境外特殊目的公司设立及注销情况予以详细说明。

9. 关联方非关联化

也就是关联企业注销情况，重点审批关联企业非关联化交易的真实性。

10. 关联方资金占用

此种情况下，需要披露关联方资金占用情况，报告期内接触并制定措施进行预防。

11. 募投产品资质

应该在申报前获得募投项目所投产品需要取得的行业准入资质。

12. 募投项目的业务模式变化

募投项目实施采用的业务模式与现有模式是否相同，不同的话应该重点进行说明。

13. 股份报价转让情况

需要披露股份报价转让情况，并详细核查特殊交易。

14. 中介机构持股状况

核查是否存在为上市公司服务的各中介的持股或委托持股情况，有的话需要及时清理。

15. 核查参股企业

存在参股企业的话，需要核查其与发行人的交易、同业竞争、原因等情况。

16. 高毛利率的持续性

需要详细解释高毛利产品的获利原因，说明未来是否能够保持，不能保持的话会对公司造成什么影响，而公司是否存在替代或应对的措施。

17. 税收优惠依赖

中关村高科技企业往往能享受大多大额税收优惠，需要说明公司对税收优惠是否存在依赖，报告期内的变化趋势如何。

18. 控股股东与实际控制人是否受过行政处罚

重点关注控股股东与实际控制人的纳税情况、证券市场违法违规情况。

19. 历次股权转让的个税缴纳情况

溢价转让须缴纳个税，平价转让须说明其合理性，对通过代办股份转让系统转让股权的股东的个税缴纳情况因法律条件所限，可以不予核查，但董事会、监事会、高级管理人员的股权转让须详细核查。

20. 房屋产权证齐全

是否获取所有房屋产权证，如未获取，需解释说明存在的法律风险。

21. 应收账款余额较大

须说明应收账款余额较大原因、坏账准备计提情况、坏账实际发生情况。

22. 突击入股核查

对于申报前6个月、前一年内突击入股的股东将予以重点核查。

第四节　介绍上市

1
介绍上市的基本情况

介绍上市就是指已发行证券申请上市所采用的方式，该方式无需做任何销售安排，因为寻求上市的证券已经有相当的数量，且被广泛持有，故可推断其在上市后会有足够的市场流通性。一般情况下，公司选择介绍上市的情况分为两种：一是该公司的股份在一家交易所上市；二是公司股份由一家交易所转到另一家交易所。

很多国家的资本市场都存在介绍上市的情况，比如英国、新加坡、菲律宾，而中国香港也存在介绍上市的情形。

依据国家和地区资本场外市场的介绍上市规则，介绍上市主要存在3种不同的形式：

1. 申请上市的证券已经在一家证券交易所上市，争取在另一家交易所上市，或为同一交易所的"转板上市"。

2. 分拆介绍上市，即发行人的证券由一名上市发行人以实物方式，分派给其他股东或另一上市发行人的股东。母公司股份已经在一家交易所上市，通过以实物而非现金的形式进行股息分派，将该公司持有子公司的股份分派给股东，再将子公司通过介绍上市的方式在交易所上市，而母公司仍然保留在原交易所上市的资格。

3. 换股后介绍上市，即首先成立一家控股公司发行股票，然后与一家或多家上市公司的证券交换，从而使控股公司实现上市的一种方式。由于换股后的上市公司的资格必须被撤销，因此换股方案必须经其股东大会特别决议通过。

作为申请上市的重要方式，介绍上市可以把企业融资和证券上市在时间上分开，给企业以更大的灵活性。不过，介绍上市也存在一定的缺陷，比如在上市初期，公司可能面临股份供应与交投量不足的情形。这对于小公司而言，可能会将流通性摊薄，从而更容易受到大户的操控，此时的股价波幅可能较大。

2
介绍上市的必要性

介绍上市在境外的一些资本市场中比较常见，也比较成熟。而我国的 A 股市场并没有类似的模式，但这并不表明我国的新三板或者说整个资本市场不需要引入介绍上市制度，相反，介绍上市制度对于我国的资本市场至关重要。

1. 由于整体上市能够很好地消除同业竞争，减少关联交易，而我国当前的资本市场基本上通过定向增发、并购重组等形式来实现公司的整体上市，在当前鼓励上市和重组的政策指引下，需要积极拓宽整体上市的道路和途径，介绍上市无疑是一个非常好的选择。

2. IPO 是上市的一种常见方式，不过在实际情况中，大多数公司都是采用多元化经营的模式，业务的不同性决定公司可以选择通过分拆上市来达到上市的目的。

3. 资本市场国际化的趋势日益明显，从规则上也允许一家上市公司在多家证券交易所上市或者上市公司谋求第二次上市实行 IPO 以外的上市方式，而推行介绍登陆第二市场的方式非常有必要，也符合资本市场的发展趋势和需求。

4. 随着我国多层次资本市场建设的深入，市场各个板块之间应该加强互动和流通，而介绍上市是推进转板的重要方式。

从目前的情形来看，很多人对于介绍上市与新三板的结合持怀疑态度，因为仅仅从定义来看，介绍上市似乎只是交易所之间的事情，与场外市场的新三板好像没有太多的关系。可是介绍上市和新三板有一个最基本的共性，那就是不需要首次向社会公开筹资，因此介绍上市完全可以和新三板的转板机制结合起来，打破交易所专有属性，从而打造出跨越新三板、区域股权交易场所在内一切转板安排的制度。也就是说，介绍上市将不仅仅存在于证券交易所的场内市场，也可以实现嫁接、移植于场外市场的各个板块之间，从而成为交易所与新三板、新三板与区域层次股权市场内部层次等进行多板块市场转换的工具。

第五节 重新明确新三板的定位，打破交易所垄断

1
两大交易所的困局

上海证券交易所和深圳证券交易所在发展过程中，面临着重重阻碍，比如对于上交所来说，本应该是中国股市的重要新兴点，但从目前的发展状况来看，上交所的市场容量和交易活跃度都比不上深交所。尤其是 2014 年新一轮

IPO 开闸后，多数股票都选择了深交所，因此上海证券交易所需要在发展中重点解决当下的"沪大深小，沪弱深强"的格局。

而深交所看上去占据了优势，但同样面临诸多问题。一方面深交所内部创业板和中小板之间的同质性比较强，本质差异并不明显，很容易出现混淆，在未来的发展过程中，它们都需要明确各自的目标，这是一个棘手但又需要尽快解决的问题。另一方面，新三板发展迅猛，虽然暂时不会对具有 IPO 募集优势的创业板造成冲击和威胁，不过新三板的公司制明显优于深交所的事业单位制，未来的发展很有潜力，完全有可能将创业板的下游垄断，到那个时候，创业板就会失去灵活性，而且一旦处理不好创业板和新三板的关系，新三板会成为深交所的一个劲敌。

造成这种困局的根本原因就是深沪交易所长期以来的垄断，毕竟在中国股市发展的 20 多年时间里，深沪交易所一直处于垄断地位，这种垄断体制实际上阻碍了中国股市以及资本市场的发展。这也是为什么中国上市资源非常丰富，可是中国股市的市场化改革效果并不显著。因此想要让整个股市和资本市场获得更好的发展，就迫切需要打破现有的垄断机制。

2

强化新三板的发展，打造合理的竞争格局

在国际市场上，那些多层次资本市场体系的建立大都是场外柜台交易起步，逐步向交易所市场完善并发展。我国资本市场起步比较晚，情况比较特殊，首先建立和发展的反而是深沪两个主板市场，接着设立中小板、创业板，之后才是三板市场的构建和完善。这种发展情况决定了率先发展的深沪两个主板市场成为竞争中的最大力量，也决定了深沪交易所在相互竞争的同时，形成绝对的垄断。

不过随着新三板的发展，以及证监会及全国中小企业股份转让系统公司对新三板的定位，新三板不应该仅仅局限于为"创业板、中小板输送和各地上市

企业",新三板应该有自己更加明确的定位和目标,它具备了向综合性资本市场方向发展的条件。因此,如果资本市场中应该引入一个能够打破交易所垄断的竞争对手,那么这个竞争对手必定是新三板。

无论是从新三板长远的发展来看,还是从资本市场的发展来看,新三板的强大并与深沪交易所形成三足鼎立的竞争格局都是有利而无害的,这三者将会撑起一个更加稳定、更加繁荣的资本市场。

正因如此,新三板才更应该明确自己的竞争地位和发展方向,进一步完善相应的规则和制度,进一步为市场的繁荣创造更多的条件。对于新三板的参与主体来说,一些上市企业可以在VC、券商的指导下,可以自主选择上市场所,而在新三板挂牌的企业可以选择一直留在新三板,也可以通过转板继续发展,真正实现最优的配置和发展,这样对新三板市场的繁荣以及资本市场的繁荣都有很大的帮助。

第六节　发行优先股、可转债

1
优先股的基本概念

优先股是指依照《公司法》,在一般规定的普通种类之外,另行规定的其他种类股份,其股份持有人优先于普通股东分配公司利润和剩余财产,但参与公司决策管理等权利受到限制。一般情况下,商业银行、公用事业、电力和房地产等行业更愿意发行优先股,这些行业需要补充核心或净资产收益率、负债比率比较高。

优先股的发行方式包括公开发行和非公开发行,公开发行优先股的发行人限于证监会规定的上市公司，非公开发行优先股的发行人限于上市公司和非上市公众公司，新三板挂牌公司也可以采取非公开发行的方式。

虽然挂牌公司可以发行优先股，不过任何公司在发行时都必须具备一些基本条件。首先，公司已发行的优先股不得超过公司普通股股份总数的50%，筹资金额不得超过发行前净资产的50%，已回购、转换的优先股不纳入计算。其次，公司公开发行优先股以及上市公司非公开发行优先股的其他条件适用《证券法》的规定。非上市公众公司非公开发行优先股的条件由证监会另行规定。

作为一种融资工具，优先股比起普通股来说，具有很多优势，比如优先股是公司的股本，可以巩固财务状况，提升公司的举债能力。而且优先股的股利不是发行公司必须偿付的法定债务，因此，一旦公司财务恶化，股利可以不用支付，从而方便减轻企业的财务负担。其次，优先股是一种永续性借款，股票收回由企业决定，具有很大的灵活性。优先股的每股收益是固定的，只要企业净资产收益率高于优先股成本率，普通股每股收益就会上升；另外，优先股无表决权，不影响普通股东对企业的控制权。

优先股对企业、部分个人投资者都有一定的吸引力，对股市价值投资也有引导作用，不过，从优先股的本质和特点来说，它还是具有一定的风险性。比如发行优先股的公司可以不按规定支付股利，存在违约的可能性，其附带的赎回条款则会造成投资者的再投资风险。此外，它的市场容量小，流动性低于股票市场，而单纯的股息收益，导致其升值空间比较小。

因此，对于优先股无论是挂牌企业还是投资者，都需要谨慎对待，最好按照自己的实际情况参与发行或认购。

2

什么是可转债

可转债全称是可转换公司债券，在国内市场上，可转债是指在一定条件下可以转换为债券发行公司股票的债权，票面利率通常比较低，而且具有债权额期权双重属性，其持有人可以选择持有债券到期，获取公司还本付息。也可以选择在约定的时间内转换成股票，享受股利分配或资本增值。在投资界，可转债常常被当成投资者保证本金的股票。

可转债具有三个重要的特点，即债权性、股权性、可转换性。债权性指的是可转债同其他债券一样具有规定的利率、期限，投资者可以选择持有债券到期，收取本息；股权性指的是可转债券在转换成股票之前是纯粹的债权，转换成股票之后，原债券持有人由债权人变成了可参与企业的经营决策和红利分配的公司股东，这在一定程度上会影响公司的股本结构；可转换性即债券持有人可以按照约定的条件将债券转换成股票。

可转债作为新三板挂牌公司的重要融资工具，对于挂牌企业具有很大的好处。

1. 可转债的融资成本低，其发行利率一般为1%左右，与银行贷款和企业债券相比，成本优势明显。

2. 在同一时段内，转债的单位股本筹资额比增发和配股都要多出20%~50%，所以，转债可用较少的股本筹得与配股或增发新股同等的资金。

3. 相对于配股和增发新股来说，可转债可以大大降低每股收益和净资产收益率被大幅稀释的程度，从而缓解股权扩张带来经营业绩指标的下降。

4. 作为一种低成本融资的方式，可转债在一定时期会增加债务资本比重，但是通过对高收益项目的投资，可以增加公司的价值，从而优化了资本结构。

5. 对上市公司管理者有约束作用，可转债在存续期间有转股或兑付的压力，这样能够促使管理者谨慎决策投资项目，提升经营业绩，使公司保持良好的成长性来确保转债转股成功。

作为一种非常好的融资工具，可转债对投资者同样具有一定的吸引力和好处，比如股价上涨时，可将债券转换成股票，并享受股价上涨的盈利，而股价下跌时，不进行转换，而享受每年的固定利息收入，且可转换债券的利息收益要比普通股的红利高一些。另外，相比于可转换优先股、优先股、普通股，可转债具有得到优先清偿的地位。

现实情况下，多数投资者对可转债券还比较陌生，不过投资者可以通过多种方式直接或间接参与可转债的投资，首先，投资者可以直接申购可转债，操作时只要输入转债的代码、价格、数量等，进行确定即可。其次，对于一些挂牌公司来说，发行可转债时一般会对老股东优先配售，因此投资者可以在股权登记之日前买入正股，然后在配售日行使配售权，从而获得可转债。此外，投资者也可以在二级市场开立股票账户，买卖可转债。

需要注意的是，发行可转债也具备一定的风险，比如股价波动会给投资带来一定的风险。而当股价下跌到转换价格以下时，可转债投资者被迫转为债券投资者，此时的可转债利率会低于同等级的普通债券利率，从而给投资者带来利息损失。此外，可转债常常会规定发行者可以在发行一段时间之后，以某一价格赎回债券，提前赎回限定了投资者的最高收益率。

通常情况下，可转债的投资非常适合那些不愿承担过高投资风险，又不想错过公司快速成长或股市上涨带来的过高股票收益的投资人，以及希望通过均衡资产配置实现稳健收益的投资人。

PART SEVEN　第 七 章
经典案例分析

第一节　公司申请挂牌的相关案例

1

华宿电气如何处理控股股东、实际控制人占用公司资金问题

上海华宿电气股份有限公司（简称华宿电气，股票代码430259）成立于2008年3月24日，2013年1月7日改制为股份有限公司，并于2013年7月23日挂牌新三板，主营业务是电气防火产品的研发、生产、销售和服务。

存在公司控股股东、实际控制人余龙山向公司借款近1000万事宜。

解决方案：

1. 控股股东、实际控制人在公司挂牌前归还借款，按公司要求支付相应的资金占用利益。

2. 及时、如实披露相关信息。

披露信息内容：

公司控股股东、实际控制人余龙山，截至2012年12月31日，向公司的借款总额为985821.68元，截至本公开转让说明书签署日，余龙山已经全部偿还以上欠款。

公司控股股东、实际控制人余龙山控制的上海研科，截至2012年12月31日，公司其他应收上海研科款余额为499877.83元，截至本公开转让说明书签署日，上海研科已经全部偿还以上欠款。

公司控股股东、实际控制人余龙山控制的上海攻之成，截至2012年12月31日，公司的其他应收上海攻之成款项余额为453079.80元，截至本公开转让说明书签署日，已经全部偿还以上欠款。

公司控股股东、实际控制人余龙山控制的上海之立，截至2012年12月31日，公司的其他应收上海之立款项余额为450174.10元，截至本公开转让说明书签署日，已经全部偿还以上欠款。

2

北京网动科技有限公司设立时股东资格存在法律瑕疵是否会受到行政处罚

北京网动科技有限公司（简称网动科技，股票代码430224），前身为北京讯网天下科技有限公司，成立于2009年2月18日。2012年2月15日，公司由有限责任公司整体改制为股份有限公司，2013年7月3日以500万注册资本挂牌新三板。公司主要经营计算机软硬件及其他电子产品的设计、组装、销售；计算机系统集成服务；ICP特许经营等。

2009年2月，公司股东马滨与股东李明及北京网动科技有限公司共同设立有限公司，公司设立时马滨已具有澳大利亚国籍，投资事项未申请设立外商投资企业。

解决方案：

1. 外籍股东退出。
2. 现有股东承诺承担连带责任。
3. 工商管理部门出具证明。

披露信息内容：

2009年2月，公司股东马滨与股东李明及北京网动科技有限公司共同设立有限公司，公司设立时马滨已具有澳大利亚国籍，但因其对外商投资法律制度缺乏了解，因此投资事项未申请设立外商投资企业。依据讯网天下设立时的《内资企业设立登记（备案）审核表》及北京市工商局海淀分局颁发的营业执照，公司的性质为内资企业。2012年6月，马滨于讯网天下减资时退出了该公司，马滨以外籍身份出资设立有限责任公司并持有讯网天下股权的法律瑕疵因此得到消除。

讯网天下已于 2012 年 9 月由有限责任公司整体变更为股份有限公司，该整体变更行为和股份公司设立后的股权结构合法、合规、真实、有效。股份公司不存在终止经营或被吊销营业执照的情形。

股份公司现有股东已出具承诺函，承诺：本公司前身北京讯网天下科技有限公司成立时，其股东马滨已取得澳大利亚国籍，马滨以外籍身份出资设立有限责任公司并持有讯网天下股权，其股东资格存在法律瑕疵。该问题已因马滨于讯网天下 2012 年 6 月减资时退出了该公司而得到消除。如政府主管机关因马滨以外籍身份设立有限责任公司并持有有限公司股份的股东资格法律瑕疵对本公司进行处罚，将由公司现有股东最终按现有持股比例承担公司因此受到的全部经济损失，该等责任为连带责任，无需公司承担任何费用。

马滨在有限公司设立时的股东资格法律瑕疵已因马滨于讯网天下 2012 年 6 月减资时退出了该公司而得到消除。2012 年 11 月 15 日，北京市工商行政管理局海滨分局出具《证明》：证明公司近两年没有因违反工商行政管理法律法规受到查处的记录。马滨在有限公司设立时的股东资格法律瑕疵不会对公司的持续经营、申请挂牌的主体资格产生实质性影响。

3

奥尔斯如何处理股东缺席股东会表决的股权转让问题

北京奥尔斯科技股份有限公司（简称奥尔斯，股票代码 430248），成立于 2003 年 12 月 19 日，公司于 2013 年 2 月 6 日整体改制为股份有限公司，并于同年 7 月 22 日以 1000 万注册资本挂牌新三板。公司主要经营物联网教育及行业应用领域产品的研发、销售及系统集成服务。

2010 年 7 月 9 日，公司股东会通过股东李朱峰将持有的 2% 股权 4 万元货币出资转让给华志强的议论项，而原股东侯少丹、刘巧玲、赵振丰因个人原因未参加股东会且未在股东会议中签字。

解决方案：

1. 缺席股东出具声明，认可此次股权转让。
2. 披露相关信息。

披露信息内容：

2010年7月9日，有限公司召开股东会，全体股东一致同意李朱峰将其持有有限公司2%的股权4万元货币出资转让给华志强；同意修改后的章程。

2010年7月12日，李朱峰与华志强签订《出资转让协议》，李朱峰将其持有的有限公司2%的股权4万元货币出资额转让给华志强。

2010年7月28日，有限公司就上述事项在北京市工商行政管理局海淀分局办理了变更登记手续并取得新的营业执照。

本次股权转让过程中，原股东侯少丹、刘巧玲、赵振丰未在股东会议中签字，根据上述三人出具的《声明及承诺》，其因个人原因未参加股东会，上述三人均认可此次股权转让。

主办券商认为：本次股权转让程序瑕疵已经原股东签字确认，且上述原股东持有本公司股权均已全部转让，故不构成本次申请挂牌实质性障碍。

申请挂牌公司的律师认为：此项程序瑕疵对本次申请挂牌不构成实质性障碍。

∷ 4 ∷

奥凯立如何处理子公司人数超过200人的问题

北京奥凯立科技发展股份有限公司（简称奥凯立，股票代码430226），成立于2001年3月22日，2009年9月7日整体改制为股份有限公司，2013年7月5日以3170万元注册资本挂牌新三板。

公司的主营业务是经营本企业和成员企业自产产品及技术出口业务；本企业和成员企业生产所需的原辅材料、仪器仪表、机械设备、零配件及技术的进口业务（国家限定公司经营和国家禁止进出口的商品除外）；经营进料加工和

"三来一补"业务。法律、法规禁止的不得经营。

奥凯立的子公司卫辉化工借鉴国外的管理经验，实行全体员工参股的激励方式，出现了股东人数超过 200 人的情况，违背了《公司法》的规定。

解决方案：

1. 挂牌前通过转让股权减少股东人数。
2. 转让方承诺股权转让协议真实有效，若发生纠纷由转让方承担责任。
3. 发行人控股股东及实际控制人承诺，若历史沿革中涉及的股东对股权提出异议及由此导致的纠纷均由控股股东及实际控制人承担全部责任。

披露信息内容：

为调动员工的工作积极性和提高员工的经济收益，卫辉化工（发行人的子公司）曾经借鉴国外的管理经验，实行全体员工参股的激励方式，出现了股东人数超过 200 人的情况，这种做法在当时特定历史背景下曾产生积极的效果，但不符合《公司法》的规定。

为解决上述问题，2008 年 12 月 31 日，任新民等 212 名自然人股东将其持有的卫辉化工共计 12.84% 的股权全部自愿转让给耿强，转让方与受让方经充分协商一致签订了《股权转让协议及委托书》，同时转让方承诺该《股权转让协议及委托书》真实有效，若发生纠纷，由转让方 212 名自然人承担责任。除此之外，公司控股股东及实际控制人卢甲举亦承诺，如卫辉化工历史沿革中所涉及的股东对卫辉化工股权提出任何异议及由此导致的任何纠纷均由其承担，负全部责任。

5

天房科技如何通过变更经营范围消除同业竞争

天津市天房科技发展股份有限公司（简称天房科技，股票代码 430228），公司成立于 2002 年 7 月 15 日，2012 年 11 月 12 日整体改制为股份有限公司，2013 年 7 月 1 日以 13600 万元的注册资本挂牌新三板。公司的主营业务为建筑智能化工程设计、软件开发与技术服务、三网融合的建设与运营以及钢材贸易等。

第二大股东腾达楼宇主营业务是自动化设备、计算机产品开发、网络技术咨询及服务、计算机及外围设备、建筑装饰材料批发兼零售。公司于腾达楼宇经营范围都有"计算机及外围设备、建筑装饰材料批发兼零售、计算机网络系统集成服务"的内容，双方存在同业竞争嫌疑。

解决方案：

1. 在天房科技挂牌新三板前变更关联公司腾达楼宇的经营范围。

2. 腾达楼宇需要做出避免与公司形成同业竞争业务及活动的具有法律效力的书面承诺。

3. 公开披露相关信息。

披露信息内容：

1. 公司与另一重要股东——腾达楼宇在经营范围上有两处相近，其一是"计算机及外围设备、建筑装饰材料批发兼零售"；其二是"以及计算机网络系统集成服务"。最近两年，公司与腾达楼宇在计算机及外围设备、建筑装饰材料批发兼零售业务上，主要客户对象不交叉重叠，没有发生事实上的同业竞争情况，同时腾达楼宇在最近两年没有经营过系统集成业务，因而与天房科技在系统集成领域没有发生事实上的同业竞争情况。

2. 为避免将来发生同业竞争行为的可能，腾达楼宇做出如下承诺："本公司将不在中国境内外直接或间接从事或参与任何在商业上对天房科技构成竞争的业务及活动；将不直接或间接开展对天房科技有竞争或可能构成竞争的业务、活动或拥有与天房科技存在同业竞争关系的任何经济实体、机构、经济组织的权益；或以其他任何形式取得该经济实体、机构、经济组织的控制权；本公司将在法律、法规、规范性文件及公司章程所规定的框架内，依法行使股东权利，不以股东身份谋求不正当利益；将于2013年5月30日前，完成我公司经营范围的修改，减少与天房科技相近的经营范围，即减去'计算机及外围设备、建筑材料批发兼零售'，减去'计算机网络系统集成服务'。自2012年11月30日至2013年5月30日不会在上述经营范围内发生与天房科技同业竞争的行为；若违反上述承诺，本公司将对由此给天房科技造成的损失做出全面、及时和足额的赔偿。"

2013 年 5 月 17 日，腾达楼宇变更经营范围事项获得天津市工商行政管理局核准，腾达楼宇变更后经营范围为"自动化设备、计算机产品开发、技术咨询（不含中介）服务；办公用品及设备、装饰材料批发兼零售"。腾达楼宇变更后经营范围与天房科技不存在相同或相近之处。

6

三意时代如何解决设立时注册资本不符合当时施行的《公司法》规定的问题

北京三意时代科技股份有限公司（简称三意时代，股票代码 430255），成立于 2001 年 11 月 12 日，2012 年 12 月 14 日整体改制为股份有限公司。2013 年 7 月 18 日以 500 万元的注册资本挂牌新三板。公司主要经营技术开发、技术转让、技术咨询、技术服务、技术推广；计算机系统服务；软件开发、软件咨询；销售计算机、软件及辅助设备。

公司设立时注册资本为人民币三万元，不符合当时的《公司法》。

解决方案：

披露地方性法规。

披露信息内容：

经核查，依据有限公司设立时生效的《公司法》第二十三条的规定，科技开发、咨询、服务性公司的注册资本最低为人民币十万元。有限公司设立时注册资本为人民币三万元，不符合当时《公司法》的规定。

但依据《北京市工商行政管理局转发市政府办公厅〈关于同意在中关村科技园区进行高新技术企业注册登记改制改组试点的通知〉的通知》（京工商发〔2000〕127 号）文件第三条的规定，高新技术企业中有限责任公司申请登记注册时，其注册资本达到 3 万元（含）以上，即予登记注册。

因此，有限公司设立时注册资本虽不符合当时施行的《公司法》规定，但有限公司出资人的出资真实，且符合北京市人民政府以及北京市工商行政管理局的相关规定，不存在潜在法律风险，不会对本次挂牌转让造成不利影响。

7
新网程如何处理股权同股不同价的问题

上海新网程信息技术股份有限公司（简称新网程，股票代码430269），成立于1999年5月13日，2012年5月8日整体改制为股份有限公司，2013年7月23日以1000万元的注册资本挂牌新三板。公司主要经营研发、生产、销售与互联网数据采集、分析、控制、管理技术相关的产品，并提供相关技术服务。

2010年4月，公司召开股东大会，通过议项：股东李云明将其持有的有限公司15.26%、4.34%、2.90%、5.36%的股权分别转让给自然人施煜敏、李勤、石勇、俞红啸；股东胡健将其持有的有限公司6.60%、0.44%的股权分别转让给自然人施煜敏、俞红啸。但是这里存在同一次股权转让出现不同单价的问题。

解决方案：

1. 详细披露造成差异的原因。
2. 股权转让双方签署书面确认书。
3. 披露相关信息。

披露信息内容：

2010年4月11日，有限公司召开股东会，全体股东一致同意：股东李云明将其持有的有限公司15.26%、4.34%、2.90%、5.36%的股权分别转让给自然人施煜敏、李勤、石勇、俞红啸；股东胡健将其持有的有限公司6.60%、0.44%的股权分别转让给自然人施煜敏、俞红啸。2010年4月11日，股权转让方与受让方分别签署了《股权转让协议》；本次股权转让的价格均由转让方与受让方协商后确定。

除李云明与李勤系夫妻关系外，本次参与股权转让、增资的新股东与原股东之间不存在关联关系，本次股权转让的新增股东之前均未在公司任职。截至本公开转让说明书签署日，除李勤担任股份公司副总经理外，本次新增的其他股东均不在公司任职。

1. 本次股权转让出现不同价格的主要原因为：

（1）施煜敏在有限公司成立初期，在业务、资金等各方面给予了公司较大帮助，因此公司股东李云明和胡健为表示对施煜敏的感谢愿意以低价向其转让公司股份。本次股权转让涉及的其他受让方对此情况充分了解，且无异议。

（2）此次股权转让的转让方与除施煜敏以外的其他受让方参考 2009 年 12 月 31 日的净资产值 450594.41 元，经过协商确认了转让价格。由于李勤与李云明系夫妻关系，因此转让价格相对于俞红啸和石勇略低。本次股权转让涉及的转让方与受让方对此情况充分了解，且无异议。

（3）俞红啸希望从股东李云明处以 82.02 万元的总价受让 11.60 万元的出资额，而李云明仅愿意出让 10.72 万元的出资额，两者差额为 0.88 万元出资额。经过李云明、俞红啸与股东胡健的三方协商，最终确定由胡健转让 0.88 万元出资额给俞红啸，总价 5.77 万元，李云明出让 10.72 万元出资额，总价 76.25 万元，最终李云明转让给俞红啸的转让价格略高于胡健转让给俞红啸的价格。

2. 2012 年 11 月 11 日，涉及本次股权转让的全体转让方与受让方签署了书面确认书，确认并承诺："经有限公司（以下简称'公司'）详细告知并经本人充分详尽调查，本人确认，本人知晓上述股权转让价格存在差异，并予以接受，不存在任何异议，上述股权转让的程序及结果真实、合法、有效。"

8
必可测如何解决股份代持的问题

北京必可测科技股份有限公司（简称必可测，股票代码 430215），成立于 2002 年 9 月 22 日，2012 年 9 月 26 日整体改制为股份有限公司，2013 年 5 月 16 日以 3100 万元的注册资本挂牌新三板。公司的主营业务是仪器仪表、测控技术开发、咨询、服务；销售机电设备、计算机、仪器仪表、五金交电、办公用品、建筑材料及状态分析仪器的检测、维修。

公司股东何立荣出资让何忧代持股份，何忧成为在工商登记注册的名义股东，并在何立荣的授权下行使各项股东权利。

解决方案：

1. 挂牌前转让股份，解除代持关系。
2. 代持双方出具《股权代持情况说明》，书面确认代持情况。

披露信息内容：

2012年5月23日，北京必可测科技有限公司召开股东会，同意成锡璐将货币出资额5万元转让给周继明，同意何忧将货币出资额287万元转让给何立荣，同意苗承刚将货币出资额5万元转让给苗雨，并修改公司章程。

2012年5月23日，上述各方签署了相关的股权转让协议。何忧将其股权转让给何立荣的目的是解除双方的代持关系。成锡璐将其股权转让给周继明的转股价格为1元每股。苗承刚将其持有公司的股权无偿赠送给苗雨，苗雨为苗承刚的女儿。

何立荣与何忧就双方代持关系出具了《股权代持情况说明》，书面确认出资款由何立荣实际支付，何忧仅仅为在工商登记注册的名义股东，在何立荣的授权下行使各项股东权利。双方之间的股权代持关系已于2012年5月解除，并完成了工商变更登记，双方不存在股权纠纷。

何立荣与何忧之间代持关系的形成、变动以及最终的解除，均系双方真实的意思表示，且该行为不存在合同法第五十二条规定的欺诈、胁迫及损害国家、社会公共利益或者第三人利益等情形，也不存在任何非法目的，故双方之间的代持行为应当是合法有效的。

9
信诺达如何在挂牌前解决对主要客户存在销售依赖的问题

北京信诺达泰思特科技股份有限公司（简称信诺达，股票代码430239）成立于2008年10月14日，2012年12月3日整体改制为股份有限公司，并于2013年7月5日以632万元的注册资本挂牌新三板，注册资本为632万元。公司主要经营技术推广服务，基础、应用软件服务，进出口，销售电子产品、机械设备、计算机、软件及辅助设备；委托加工电子产品兼营业务等。

2011年、2012年公司对前五名客户的销售额占比主营业务收入分别为100%和93.62%。2012年公司与镇江艾科半导体有限公司合作，销售额达到10935923.09元，占公司全年收入的79.58%。公司存在对主要客户销售依赖的问题。

解决方案：

1. 合理解释原因，并如实披露；

2. 作重大事项提示。

披露信息：

（1）营业收入波动风险

公司2011年、2012年营业收入分别为1109866.41元、13742126.70元，2012年收入大幅增加主要原因为与镇江艾科半导体有限公司的业务合同（销售收入10935923.09元）占公司全年收入比例较高，达79.58%，致使公司当期营业收入出现波动。公司目前的客户数量较少，且未与销售客户签订长期合作协议，若公司与镇江艾科半导体有限公司终止合作关系，公司又无其他大额销售合同弥补未来销售额下滑，公司未来的收入及盈利水平将可能受到较大影响。

（2）主要客户情况

2011年、2012年公司对前五名客户的销售金额占比主营业务收入分别为100%和93.62%。2011年，公司全部3家客户为中国电子科技集团公司第54研究所、中国人民解放军某部队科研所和重庆金美通信有限责任公司；2012

年，前五位大客户为镇江艾科半导体有限公司、山东航天电子技术研究所、北京市科学技术研究院、中国电子科技集团公司第 39 研究所和中国航天科技集团公司第九所。报告期内，公司的主要客户销售金额占营业收入比例较高，主要原因在于现阶段公司市场拓展有限，主要客户大都计入上述样本统计。随着公司市场开拓力度的不断加大，上述问题将得到改善。

10

拓川股份如何处理董事、高管亲属任公司监事的问题

北京拓川科研设备股份有限公司（简称拓川股份，股票代码 430219），成立于 2004 年 8 月 6 日，2012 年 8 月 6 日整体改制为股份有限公司，2013 年 5 月 17 日，公司正式挂牌新三板，注册资本为 650 万元。公司主要经营销售机械设备、自行开发的产品、计算机、软件及辅助设备、电子产品、化工产品（不含有危险品及易制毒化学品）；技术开发、技术转让、技术咨询、技术服务、技术培训、技术推广；货物进出口、技术进出口、代理进出口。

存在公司董事、高管亲属担任董事、监事事宜。

解决方案：

1. 建立包括董事、监事回避表决等严格的制度。

2. 公司董事、监事就对外担保、重大投资、委托理财、关联方交易等事项必须遵守法规和公司章程制度等做出书面声明和承诺。

3. 如实披露相关信息。

披露信息内容：

公司董事刘柏荣为公司控股股东、董事长兼总经理刘柏青之弟。公司监事马小骥为董事兼副总经理马捷之子。公司监事刘绵贵为公司董事长兼总经理刘柏青之姐夫，为董事刘平之父。

为了保障公司权益和股东利益，确保监事及监事会有效履行职责，公司建立了相应的治理机制；《公司章程》明确规定了监事及监事会的职责、权利和

违法违规处罚机制，同时公司制定了《监事会议事规则》《关联交易管理办法》等制度，要求公司监事严格按照有关规定监督董事及高级管理人员的行为，并建立了关联监事回避表决机制。此外，公司的董事、监事及高级管理人员均就公司对外担保、重大投资、委托理财、关联方交易等事项的情况，是否符合法律法规和公司章程及其对公司影响发表了书面声明。

11

盛世光明是如何收购子公司的

北京盛世光明软件股份有限公司（简称盛世光明，股票代码430267），于2012年12月25日整体改制为股份有限公司，2013年7月18日以1150万元的注册资本挂牌新三板，公司的主营业务是技术开发、技术转让、技术咨询、技术服务；应用软件服务；基础软件服务；销售计算机、软件及辅助设备、电子产品、机械设备、安全技术防范产品、通讯设备、文化用品；货物进出口、技术进出口、代理进出口。

2011年12月5日，盛世光明召开股东会，以现金购买孙伟力、李红新、王欢各自持有的济宁公司300.00万元、200.00万元、50.00万元出资额。上述交易构成关联交易。

解决方案：

如实披露。

披露信息内容：

2011年12月5日，盛世光明召开股东会，以现金购买孙伟力、李红新、王欢各自持有的济宁公司300.00万元、200.00万元、50.00万元出资额。上述交易构成关联交易。

上述关联交易的必要性：济宁公司自成立以来一直从事办公管理软件的开发与销售，虽然济宁公司应用领域为教育、税务等政府部门，但与公司同为软件业，双方在业务模式、研发模式等方面均有共通之处，同时，公司在收购济宁公司之前，济宁公司管理人员、研发内容与公司也有交叉。为便于管理，同时也便于未来济宁公司切入信息安全市场，公司进行了上述收购。

上述关联交易的定价依据为：根据立信中联闽都会计师事务所有限公司出具的中联闽都审字（2013）A-0068 号《审计报告》，截至 2011 年 12 月 31 日，济宁公司经审计的净资产为人民币 627.98 万元，由于转让时点是 2011 年 12 月 5 日，故扣除 2011 年 12 月的净利润 64.52 万元，估算截至 2011 年 11 月 30 日的净资产为 563.46 万元。因此，本次转让价格按注册资本确定，定价合理。本次受让方已支付了相应的股权转让款，不存在纠纷或潜在纠纷。

上述关联交易的决策程序：上述关联交易在有限公司阶段发生，已通过了股东会决议。

12

风格信息如何处理技术出资超比例且未评估的问题

上海风格信息技术股份有限公司（简称风格信息，股票代码430216），成立于 2004 年 8 月 16 日，2012 年 6 月 4 日，公司以经审计的净资产折股整体变更为股份有限公司，2013 年 5 月 17 日以 1050 万元的注册资本挂牌新三板。公司的主营业务是计算机软硬件、数字电视设备、通讯设备及相关产品的研发、销售（除计算机信息系统安全专用产品）；软件的制作；系统集成；提供相关的技术开发、技术转让、技术咨询、技术服务；自有设备的融物租赁；从事货物与技术的进出口业务。

2004 年 8 月 6 日，公司召开股东会并作出决议，同意股东惠新标以高新技术成果——嵌入式数字电视 ASI 码流监视设备作价 70.00 万元出资，占注册资本的 35.00%，且并未进行评估。

解决方案：

1. 出资超比例问题：寻找法律依据，不符合旧公司法，但符合当时的地方法规（在旧公司法后出台）。

2. 出资未评估问题：追溯评估，股东会确认。

披露信息内容：

（1）相关法律法规

公司设立时有效的《公司法》（1999年修正）第24条第2款规定："以工业产权、非专利技术作价出资的金额不得超过有限责任公司注册资本的百分之二十，国家对采用高新技术成果有特别规定的除外。"

上海市工商行政管理局2001年出台的《关于鼓励软件产业和集成电路产业发展促进高新技术成果转化的若干实施意见》（沪工商注［2001］第97号）第2条规定，科技型企业、软件和集成电路的生产企业可以高新技术成果和人力资本、智力成果等无形资产作价投资入股。

1. 以高新技术成果作价投资入股可占注册资本的35.00%，全体股东另有约定的，可从其约定。

2. 无形资产可经法定评估机构评估，也可经全体股东协商认可并出具协议书同意承担相应连带责任，或经高新技术成果转化办公室鉴证后由验资机构出具验资报告。《上海市工商行政管理局关于印发〈关于张江高科技园区内内资企业设立登记的实施细则〉的通知》（沪工商注［2001］第334号）同样就高新技术成果作价出资可占到注册资本的35.00%进行明确规定。

（2）公司以高新技术成果出资情况

2004年8月6日，公司召开股东会并作出决议，同意股东惠新标以高新技术成果——嵌入式数字电视ASI码流监视设备作价70.00万元出资，占注册资本的35.00%。2004年8月11日，上海市张江高科技园区领导小组办公室出具《关于批准嵌入式数字电视ASI码流监测设备项目评估合格的函》（沪张江园区办项评字［2004］012号）认定为上海市高科技园区高新技术成果转化项目，所有者为惠新标。2004年8月11日，上海申洲会计师事务所有限公司出具《验资报告》（沪申洲［2004］验字第552号）验证，截至2004年8月10日止，有限公司以高新技术成果——嵌入式数字电视ASI码流监视设备出资的70.00万元已完成转移手续。

2005年3月18日，张江高科技园区领导小组办公室评估认定"嵌入式数字电视ASI码流监测设备"评估价值为210.00万元。2005年4月20日，上海市高新技术成果转化项目认定办公室颁发证书认定"嵌入式数字电视 ASI 码流监测设备为上海市高新技术成果转化项目,权属单位为上海风格信息技术有限公司",该项目可享受《上海市促进高新技术成果转化的若干规定》有关优惠政策。2012 年 11 月 9 日,上海众华资产评估有限公司出具《惠新标个人所拥有的部分资产追溯性评估报告》(沪众评报字[2012]第 357 号),确认"嵌入式数字电视 ASI 码流监视设备于评估基准日 2004 年 8 月 11 日的市场价值为71.6059 万元。"

2012 年 11 月 15 日,股份公司召开 2012 年第三次临时股东大会通过《关于上海风格信息技术股份有限公司设立时以高新技术成果、人力资源出资的议案》,确认有限公司设立时股东出资真实到位,不存在虚假出资、出资不实等情况,有限公司或股份公司的出资或股权不存在纠纷或潜在纠纷。

(3)结论

上海市工商行政管理局为鼓励软件企业发展设置了宽松的企业出资和注册登记政策。有限公司设立时以高新技术成果出资的比例和程序虽不符合当时《公司法》的相关规定,但符合国务院关于印发《鼓励软件产业和集成电路产业发展的若干政策》的通知(国发[2000]18 号)的精神和上海市工商行政管理局 2001 年出台的《关于鼓励软件产业和集成电路产业发展促进高新技术成果转化的若干实施意见》(沪工商注[2001]第 97 号)的规定,同时也符合现行《公司法》关于无形资产出资比例的要求。另外,上述高新技术成果出资经上海众华资产评估有限公司追溯评估,其价值并未被高估,并已全部转移至公司。因此,该部分出资真实到位,不存在虚假出资、出资不实等情况。

13

联动设计如何解决以人力资源、管理资源出资的问题

武汉联动设计股份有限公司(简称联动设计,股票代码 430266),前身为武汉联动电力有限公司,成立于 2003 年 7 月 17 日,2013 年 1 月 29 日整体改制为股份有限公司，2013年7月23日以1000万元的注册资本挂牌新三板。公司的主营业务包括送电、变电工程，新能源发电、风力发电、火力发电工程，环境工程设计、咨询、成套、承包；建筑工程设计、咨询、承包；化工工程咨询；岩土工程、水文地质和工程测量。

公司设立时，股东黄万良、朱桂兰、任德才、黄玉娇以人力资源出资340万元，武汉留创园以管理资源出资10万元。

解决方案：

1. 工商管理部门书面确认以人力资源和管理资源出资符合地方管理规定。
2. 披露信息。

披露信息内容：

公司设立时，股东黄万良、朱桂兰、任德才、黄玉娇以人力资源出资340万元。根据2001年2月19日武汉东湖开发区管理委员会颁布的《武汉东湖开发区管委会关于支持武汉光电子信息产业基地（武汉·中国光谷）建设若干政策实施细则的通知》（武新管综［2001］10号）第七条之规定，"股东以人力资源入股的，经全体股东约定，可以占注册资本的35%（含35%）以内"，因此公司以人力资源出资事项符合该法规规定。

公司设立时，武汉留创园以管理资源出资10万元。根据2000年4月12日武汉市人民政府《关于加快高新技术创业服务中心建设与发展步伐的通知》（武政办［2000］63号）第七条之规定："鼓励创业中心通过投资、提供优质服务等方式持有在孵企业的一定股权。"武汉创业园为武汉东湖新技术开发区管委会依据《关于成立武汉留学生创业园管理中心的决定》（武新管人［2002］16号）设立的创业管理中心，因此其以管理资源出资符合《关于加快高新技术创业服务中心建设与发展步伐的通知》的规定。

为规范公司历史出资中存在的人力资源出资、管理资源出资等事项，公司于2012年10月向武汉市工商行政管理局东湖新技术开发区分局提交了情况说明。2012年10月20日，武汉市工商行政管理局东湖新技术开发区分局作出《关于指定武汉中天奇会计师事务所有限公司对武汉联动设计工程有限公司实收资本进行验资的函》，指定中天奇对有限公司实收资本进行验资。中天奇于2012年10月22日出具《关于武汉联动设计工程有限公司截至2012年10月19

日止历次出资验资复核报告》（武奇会专审字［2012］第001号），验证：2003年7月8日股东第一次出资中，管理资源出资10万元、人力资源出资340万元，共计350万元是依照武汉东湖开发区管理委员会文件武新管综［2001］10号文件出资；2004年7月5日股东第二次出资中实物出资382万元，由于时间久远，无法获取相关原始资料证明出资实物所有权已转移至公司。为规范上述情况，公司股东以货币出资对人力资源出资、管理资源出资、实物出资进行了置换。

14
成科机电如何处理土地取得方式与证载信息不一致的问题

天津成科传动机电技术股份有限公司（简称成科机电，股票代码430257），成立于2000年7月27日，2008年1月3日整体改制为股份有限公司，2013年7月23日以3000万元的注册资本挂牌新三板。公司的主营业务是输送机械设备和环保设备的研发、生产和销售，包括以带式输送机为主的散货输送设备；散货物流的安全生产保护设备及技术服务；散货物流环保设备产品及服务。

公司序号1-3所涉土地使用权的证载土地使用类型为"作价入股"，实质均为公司通过"转让""购买"获得。

解决方案：

合理解释出现差异的原因，并如实披露。

披露信息内容：

公司序号1-3所涉土地使用权的证载土地使用类型为"作价入股"，实质均为公司通过"转让""购买"获得。其原因是在公司办理前述土地权属变更登记过程中引用了原权属人海泰集团取得该宗地的方式，而实质上，前述序号1所涉及土地使用权系公司向海泰集团支付土地转让金合法取得的；序号2-3所涉及土地使用权系购买地上建筑物所分摊获得。

序号1所涉及土地使用权的取得情况为：2005年1月，成科机电与海泰集团签订《国有土地使用权转让合同》，海泰集团将位于天津滨海高新技术产业开发区华苑产业区（环外部分）55号地块，宗地编号：园2004-002，面积11253.0平方米的土地使用权转让给成科机电。该宗工业用地的土地使用权转让期限为50年，土地使用权转让金2531925元人民币。截至2005年8月，成科机电已全额支付了2531925元土地转让金，即该宗地系成科机电通过支付土地转让金方式合法取得。

序号2-3所涉及土地使用权的取得情况为：成科自动化2012年购置位于天津滨海高新区华苑产业区（环外）海泰发展五道16号B-4号楼-1-201、202的办公室所分摊的土地使用权。

经调查，公司律师认为：海泰集团大宗土地来源系作价入股取得后，成科机电根据与海泰集团签订的《国有土地使用权出让合同》依法有偿取得天津滨海高新技术产业开发区天津华苑产业区海泰发展一路6号的土地使用权并缴纳了土地使用权转让款，成科机电取得土地使用权合法有效；海泰集团未以土地使用权作价入股成科机电，成科机电土地使用权登记信息与实际情况不符，原因来源于海泰集团大宗土地登记类型而登记为作价入股，不构成对成科机电的潜在的法律风险。

第二节　中介机构和监管机构的相关案例

1

全国股份转让系统对中航新材采取监管措施

案例详情：

全国股份转让系统在2014年7月21日发布公告称，在对挂牌公司2013年年报进行审查时发现，中航新材的年报披露违反了《全国中小企业股份转让系统挂牌公司年度报告内容与格式指引（试行）》的要求，因此对中航新材年报披露中存在的违规问题采取了相应自律监管措施，并按规定予以披露和计入行为记录档案。

与此同时，公告显示，中航新材的主办券商中信建设证券在指导和督导所推荐挂牌公司编制和披露年报过程中，未能尽职履责，应对挂牌公司年报披露违规行为承担督导不利的责任。

实际上中航新材的主要问题是年报披露形式不规范，多个章节遗漏应披露信息。正因为如此，新三板对公司采取了一系列的监管措施，对其进行约见谈话，尤其是对中航新材信息披露负责人余罗、主办券商中信建设证券进行了约见谈话，并且对公司出具了警示函。

案例解读：

依据相关规定，全国股份转让系统公司应督促申请股票挂牌的股份公司、挂牌公司及其他信息披露义务人，依法履行信息披露义务，真实、准确、完整、及时地披露信息，不得出现虚假记载、误导性陈述或者重大遗漏。一旦挂牌公司或信息披露人出现违规行为，全国股份转让系统可以采取自律监管措施，包括对有关问题作出解释、说明和披露；要求对存在的问题进行核查并发表意见；约见谈话；要求提交书面承诺；出具警示函；责令改正；暂不受理主办券商、证券服务机构或其他相关人员出具的文件，暂停解除挂牌公司控股股东、实际控制人的股票限售；限制证券账户交易；向证监会报告有关违法违规行为等。

2

中试电力未如期披露半年度报告面临摘牌

案例详情：

全国中小企业股份转让系统公开信息显示，截至 2014 年 8 月 31 日，中试电力仍然未能按照先关规定披露 2014 年半年度报告，因此根据《全国中小企业股份转让系统业务规则（试行）》相关规定，决定自 2014 年 9 月 1 日其暂停其股票转让。如果在规定期满之日两个月内，公司仍未披露半年度报告将面临终止挂牌的风险，甚至可能成为首批因为未能按时披露业绩报告而被终止挂牌的公司。

据了解，中试电力出现了一系列的问题，比如公司与汉口银行、天津国恒铁路控股股份有限公司之间产生了票据追索权纠纷，导致 1000 多万元资金处于冻结状态，这严重影响了经营状况。此外，中试电力上半年经历了频繁的高管变动，包括常务副总、董事长秘书、生产总监在内的 3 名高层管理人员都递交了辞职报告，导致董事长秘书一职长期空缺，董事会成员人数低于法定最低人数。

而最重要的问题在于，财务报表相关工作量较大，前期财务人员离职，这造成与主办券商半年报审核修改协调工作无法按正常进度进行。为了避免半年报相关数据出现问题，公司只好主动申请停牌并进行相关财务数据的核查，核查之后将会公布半年度报告。与此同时，公司正积极联系投资方，寻求各种渠道解决相关问题。

案例解读：

依据《全国中小企业股份转让系统业务规则（试行）》相关规定，挂牌公司未在规定期限内披露年报或者半年报，应当向全国股份转让系统公司申请暂停转让，直至按规定披露或相关情形消除后恢复转让。挂牌公司出现未在规定期限内披露年报或者半年报的，自期满之日起两个月内未披露年报或半年报的，全国股份转让系统公司终止其挂牌股票。

从相关规定可以看出，信息披露是新三板市场规则的红线，不能轻易触犯，否则就有可能面临暂停转让和摘牌的风险。

--- 3 ---

泰谷生物董事长曹典军违规受到处分

案例详情：

泰谷生物控股股东、实际控制人、董事长兼总经理曹典军于 2013 年 12 月被检察机关要求协助调查，2014 年 1 月 27 日曹典军因涉嫌滥用职权罪、行贿罪被检察机关采取逮捕强制措施。自上述事件发生至 2014 年 4 月 16 日期间，公司未履行信息披露义务。

此外，曹典军于 2013 年 12 月向公司借款 1031.63 万元，构成控股股东违规占用公司资金。而公司在 2014 年 4 月 28 日前并未履行信息披露义务。经主办券商督促，曹典军于 2014 年 5 月 21 日偿还全部资金和利息。

曹典军的行为已经严重违反了《全国中小企业股份转让系统业务规则（试行）》的规定，而且，作为公司控股股东、实际控制人、董事长兼总经理，曹典军对泰谷生物信息披露违规、公司治理不规范、内部控制薄弱等诸多问题都负有重要责任。鉴于曹典军的上述违规事实和情节，2014 年 8 月 11 日，全国股转系统决定对曹典军给予通报批评的纪律处分，并记入诚信档案。

案例解读：

全国股转系统要求各市场主体严格依据全国股份转让系统制度规则的要求，诚实守信，规范运作，严格履行信息披露义务。按照《全国中小企业股份转让系统业务规则（试行）》的规定，全国股转系统可以对监管对象采取自律监管措施，而除了监管措施外，对于监管对象严重违反全国股转系统业务规则及其他相关业务规定的，全国股转系统公司视情节轻重，可给予通报批评、公开谴责等纪律处分，并记入证券期货市场诚信档案数据库。

通常来说，新三板挂牌公司遭到纪律处分后，会对该公司股价和投资者的信心造成比较严重的负面影响，特别是被记入"证券期货市场诚信档案数据库"对于该公司未来转板将会有深远的影响。这种处分对于挂牌企业来说能够起到一种惩罚和规范作用，而对于主办券商来说也有间接的警示作用。

4

天佑铁道更换主板券商

案例详情：

2013 年 12 月 6 日，上海天佑铁道新技术研究所股份有限公司与海通证券股份有限公司签订《推荐挂牌并持续督导协议书》，2014年4月11日，公司获准在全国中小企业股份转让系统挂牌公开转让，纳入非上市公众公司监管。

2014年12月3日，公司发布董事会会议决议，公布《关于公司与海通证券股份有限公司解除持续督导协议的议案》，天佑铁道的公告称："鉴于公司战略发展需要及慎重考虑，经与海通证券充分沟通与友好协商，双方决定解除持续督导协议。"而在解除持续督导协议之后，天佑铁道将主办券商由海通证券更换为中山证券。

案例解读：

虽然天佑铁道在公告中明确声明海通证券在作为公司持续督导期间，能够按照相关法律法规及协议协定勤勉尽责，诚实守信地对公司履行持续督导业务。而公司在持续督导期间，治理机制及信息披露情况较好，能够配合主办券商的持续督导工作，依法履行信息披露义务，真实、准确、完整、及时地披露信息，没有虚假记载、误导性陈述或者重大遗漏。

5

北京思创银联科技股份有限公司变更会计师事务所

案例详情：

2013年9月13日，北京思创银联科技股份有限公司发布变更会计师事务所的公告，原审计机构北京兴华会计师事务所有限责任公司（简称兴华事务所）因业务繁忙，难以顾及公司的审计、验资等工作，也无法尽心尽责地提供财务咨询和会计服务，双方最终协商一致，兴华事务所不再担任公司审计机构。

此外，北京思创银联科技股份有限公司与中兴财光华会计师事务所有限责任公司进行协商，并经公司第一届董事会第十一次会议和2013年第五次临时股东大会审议通过，公司最终聘请中兴财光华会计师事务所有限责任公司作为公司的年度审计机构。

案例解读：

会计师事务所是新三板中不可或缺的中介机构之一，它能够为新三板市场提供审计并出具相关报告，同时提供咨询和服务、协助尽职调查。根据《全国中小企业股份转让系统挂牌公司信息披露细则（试行）》的相关规定，挂牌公司一般不得随意变更会计师事务所，如果挂牌公司觉得原有的会计师事务所不适合，或者业务水平低下，工作难以让公司满意，公司可以对其进行更换，只不过变更事项应该由董事会审议后提交股东大会审议。此外，应当自变更发生之日起两个转让日内披露变更会计师事务所的相关事宜。

6
可来博因违规操作受罚

案例详情：

2014年，全国股转公司根据业务规则，对北京中科可来博电子科技股份有限公司及其董事长、董事会秘书及时任财务总监实施了通报批评的纪律处分，并记入证券期货市场诚信档案数据库。原因是可来博于2013年年度股东大会结束后未进行信息披露，其2014年5月12日发布的临时公告未加盖董事会公章，而且其2013年年度报告中所披露的审计报告为会计师事务所提供的审计报告初稿，欠缺注册会计师签字、会计师事务所盖章，且落款日期与会计师事务所正式出具的版本不一致，公司在年报和信息披露方面存在违规操作行为。

案例解读：

首先，可来博于2013年年度股东大会结束后规定期限内未进行信息披露，违反了《全国中小企业股份转让系统挂牌公司信息披露细则（试行）》第二十九条的规定："挂牌公司召开股东大会，应当在会议结束后两个转让日内将相关决议公告披露。年度股东大会公告中应当包括律师见证意见。"

其次，可来博在2014年5月12日发布的临时公告中未加盖董事会公章，违反了《全国中小企业股份转让系统挂牌公司信息披露细则（试行）》第二十一条的规定："临时报告应当加盖董事会公章并由公司董事会发布。"

第三，可来博 2013 年年度报告中所披露的审计报告为会计师事务所提供的审计报告初稿，欠缺注册会计师签字、会计师事务所盖章，且落款日期与会计师事务所正式出具的版本不一致。因此，可来博 2013 年年报披露使用未经会计师事务所正式出具的审计报告的行为违反了以下规定。

《非上市公众公司监督管理办法》第二十二条规定："股票公开转让与定向发行的公众公司应当披露半年度报告、年度报告。年度报告中的财务会计报告应当经具有证券期货相关业务资格的会计师事务所审计。"

《全国中小企业股份转让系统挂牌公司信息披露细则（试行）》第四条规定："公司及其他信息披露义务人，依法履行信息披露义务，真实、准确、完整、及时地披露信息，不得出现虚假记载、误导性陈述或者重大遗漏。"

《全国中小企业股份转让系统挂牌公司信息披露细则（试行）》第十三条规定："挂牌公司年度报告中的财务报告必须经具有证券、期货相关业务资格的会计师事务所审计。"

7

凯英信业未及时更正报告

案例详情：

2014 年 3 月 14 日，全国股份转让系统发布公告称，凯英信业（股票代码 430032）未及时更正 2012 年年度报告，且未按规定披露审计差错更正应披露信息。由于信息披露存在违规操作的行为，全国股份转让系统对其采取自律监管措施，按照规定出具警示函，并要求凯英信业提交书面承诺。作为主办券商的齐鲁证券也因"未能履行持续督导职责"被股权系统公司采取了"约见谈话、要求提交书面承诺"的监管措施。

案例解读：

《全国中小企业股份转让系统挂牌公司信息披露细则（试行）》第四条规

定："公司及其他信息披露义务人，依法履行信息披露义务，真实、准确、完整、及时地披露信息，不得出现虚假记载、误导性陈述或者重大遗漏。"凯英信业未及时更正2012年年度报告，且未按规定披露审计差错更正应披露信息的行为显然违背了这一规定。

由于公司存在严重的信息披露违规行为，作为主办券商的齐鲁证券并没有认真履行持续督导义务，因此全国股份转让系统公司依据《全国中小企业股份转让系统业务规则（试行）》的相关规定，采取相应的监管措施或纪律处分。

8
斯福泰克未按规定披露会计差错更正信息

案例详情：

2014年3月14日，全国股份转让系统发布公告，北京斯福泰克科技股份有限公司（股票代码430052）在2012年报中擅自修改存货期初数。因为2011年合并报表数据显示，公司存货期末金额高达780.34万元，而理应与该数字相同的2012年年报存货期初金额则缩水到33.56万元，较2011年年报数字缩小95.7%。公司对这种更改并没有任何声明和解释，不仅如此，公司为了掩盖真相，还对期初年报进行更正，忽略原先的财务漏洞，而直接保存并更新到第二版年报中，以至于出现了"调整前的未分配利润为170.85万元，调整后的未分配利润则是亏损489.6万元"这样的低级造假行为。

由于公司未按规定披露会计差错更正信息，全国股份转让系统公司依据相关规定，对公司采取出具警示函、要求提交书面承诺的监管措施。

案例解读：

依据相关规定，公司及其他信息披露义务人，依法履行信息披露义务，真实、准确、完整、及时地披露信息，不得出现虚假记载、误导性陈述或者重大遗漏。斯福泰克对财务差错并没有按规定做出更正的信息披露，实际上就是一种虚假记载的行为，严重违反了规定。

此外，当会计师的工作出现差错时，主办券商未对会计师工作结果进行复核，并没有尽职尽责进行尽职调查，这属于失职行为。因此其日后的工作应该更加谨慎和认真，这样才能有效防止出错。

9
中控智联年报数据与审计报告数据不一致

案例详情：

2014 年 7 月 7 日，全国股份转让系统发布公告，中控智联 2012 年年报中财务数据与审计报告数据存在多处不一致，同时，信息披露不准确且未及时更正。由于信息披露行为违规，全国股份转让系统公司对其采取约见谈话、要求提交书面承诺等具体监管措施。

闫晓华作为中控智联董事会秘书，负责公司信息披露管理事务，未能尽到恪尽职守、履行勤勉义务，对中控智联信息披露违规行为负有相应责任。全国股份转让系统公司对其采取约见谈话的监管措施。

中原证券作为中控智联主办券商，未能督促其规范履行信息披露义务，未能尽职对信息披露文件进行事先审查，未勤勉尽责，全国股份转让系统公司对其采取约见谈话的监管措施。

案例解读：

《全国中小企业股份转让系统挂牌公司信息披露细则（试行）》第四十七条规定，挂牌公司及其董事、监事、高级管理人员、股东、实际控制人、收购人及其他相关信息披露义务人、律师、主办券商和其他证券服务机构违反本细则的，全国股份转让系统公司根据《全国中小企业股份转让系统业务规则（试行）》相关规定，采取相应监管措施及纪律处分。

在中控智联的违规行为中，公司、董事会秘书以及主办券商都负有相应的责任，因此全国股份转让系统公司对它们分别采取自律监管措施。

第三节　资本运作的相关案例

……1……
北京时代开创定向增发的先河

案例详情：

2006年3月，北京时代（股票代码430003）为了响应政府"先试先行"的号召，正式挂牌新三板，成为第三个参与新三板试点的企业。不久之后，公司率先想到了定向增发的点子，在得到证监会、证券业协会、深交所等相关机构的支持后，进行了第一次定向融资，参与认购的机构投资者包括紫光服务、联想控股、中国大恒、成都创投、上海天晟。由于没有定向增发的先例，北京时代在操作过程中遇到了很多困难，但最终还是以18倍的市盈率，向特定对象募集资金5000万元。

第一次定向增发使得北京时代成功融资，于是2008年的时候，公司进行第二次融资。由于受到全球金融危机的影响，当时的资本市场并不景气，而北京时代的这一次定向增发在一定程度上有效激活了资本市场。

案例解读：

作为定向增发的开创者，北京时代为整个新三板市场开了一个好头，而且也为自身的发展注入了更多的资金。而北京时代之所以能够通过定向增发获得大量融资，原因在于新三板提升了公司的知名度，因此能够吸引更多优质的战略投资机构参与进来。此外，北京时代挂牌新三板和进行定向增发实际上增处于整个市场的摸索过程中，政府和相关机构也给予了大力支持，为公司挂牌新三板尽可能创造更多有利的条件。

2
众合医药巨亏千万仍定向融资1.2亿元

案例详情：

2014年1月24日，众合医药（股票代码430598）正式挂牌新三板，同年2月14日发布2013年年报。根据年报显示，2013年公司实现营业收入339.42万元，净利润却亏损了1063.54万元，折合起来，每股的收益竟然是负0.23元。不仅如此，在2011年和2012年，公司也分别亏损了13.51万元和1215.77万元。

在面临持续亏损的情况下，公司决定实施增发计划，以不低于每股9.39元的价格发行不超过1277.9万股。除了在册的9名股东参与本次发行股票的认购之外，上海宝盈资产管理有限公司、江苏瑞华投资控股集团、四川华朴现代农业科技有限公司这三家机构投资者，以及另外17名个人投资者参与认购。这一次定向增发募集了1.2亿元资金，具体将用于药品临床研究、苏州众合产业化基地建设等。

案例解读：

众合医药之所以在亏损的状态下获得1.2亿元的巨额融资，主要原因有两个方面，首先是新三板为其提供了一个很好的融资平台，确保公司能够获得足够的融资。其次在于众合医药本身有6项在研项目的市场前景非常被看好，虽然生物制药产品研发周期长，投入大，是一个高风险项目，一旦失败，就会面临巨额亏损，不过量产后的利润丰厚，收益巨大，这是吸引投资者参与认购股票的最大动力。

3

九恒星通过定向增资实现并购

案例详情：

2010年11月，新三板挂牌企业北京九恒星科技股份有限公司（股票代码430051）以每股1.73元的价格定向发行450万股，收购深圳市思凯科技开发有限公司100%股权，思凯科技最终成为九恒星100%控股的全资子公司。

并购使得九恒星能够有效利用思凯科技的业务资源，从而快速提升市场占有率。增强了公司的整体实力和竞争力，也为公司创造了新的盈利增长点，进一步推动了公司主营业务的发展。

案例解读：

并购整合包括资产剥离、资产重组，还有相关人员的安排，这是一个非常复杂的过程，管理实务性非常强，很多企业常常难以把握。而九恒星之所以能够获得成功，是因为它很好地依托了新三板的优势，通过定向发行的方式，借助外来资金完成了对思凯科技的全面并购，这次的资本运作非常出色。

4

金和软件和紫光华宇通过公司股权激励吸引人才

案例详情：

2007年12月27日，金和软件（股票代码430024）正式挂牌新三板，并于2009年6月18日参与新三板首次最大规模的集体路演活动，这为公司吸引人才提供了便利。2009年9月，"打工皇帝"唐骏以董事职位加盟了金和软件。

2006年，紫光华宇以每股1.03元的价格面向公司员工实施股权激励，市盈率为3.32倍。同年的8月30日，公司正式挂牌新三板。2008年，股票的市价为每股9.1元，市盈率达到了15.38倍，到了2011年创业板首次公开发行时，股票价格攀升到每股 30.8 元，市盈率为 33.85 倍。随着股价的不断上涨，员工收获了财富，公司的吸引力和凝聚力不断增强。

案例解读：

企业在新三板挂牌后，股份的自由流动使得公司业绩与核心团队的自身利益紧密联系在一起，公司利益与个人利益开始保持一致。因此在实施股权激励之后，就可以吸引优秀的管理和技术人才加盟公司共同发展。

5

北京安控科技股份有限公司实现转板上市

案例详情：

北京安控科技股份有限公司成立于 1998 年，2008 年 8 月 20 日在新三板挂牌。2010 年 12 月 8 日其首次申请获股东会议通过进入场内资本市场。2011 年 6 月 27 日，安控科技向证监会提交了创业板 IPO 申请，并于同年 7 月 5 日收到证监会受理通知书，公司股份从 7 月 6 日起暂停转让等候发审，2012 年 5 月 18 日顺利过会。此后，由于 IPO 暂停，公司上市一事被搁置，直至 2013 年 12 月 17 日公司 IPO 申请获股东会议二次通过。2014 年 1 月 3 日，安控科技首次公开发行并上市，并取得证监会核准。按照全国股份转让系统业务规则的规定，安控科技从 2014 年 1 月 9 日起终止挂牌。2014 年 2 月 23 日，安控科技正式登陆创业板，首次向社会公众发行 A 股 1345 万股，每股面值 1 元，每股的发行价格为人民币 35.51 元。其中，发行新股 495.57 万股，募集资金总额为 175976907.00 元，实际募集资金净额为人民币 149064468.41 元。

安控科技成为第 8 家向中国证监会申请首次公开发行股票并成功上市的新三板挂牌公司，也是全国股份转让系统 2012 年 9 月正式成立以来第一家通过 IPO 上市的挂牌公司。

案例解读：

北京安控科技股份有限公司是一家专业从事工业级 RTU 产品研发、生产、销售和系统集成业务的高新技术企业，企业发展前景很好，这是公司实现转板上市的重要条件。此外，在全国股份转让系统挂牌促进了安控科技的规范和发展，由于经过主办券商的尽职调查及挂牌后的督导，公司治理得到规范，信息披露义务得以履行，公司的知名度和美誉度得到提升，公司信用等级、融资能力相应得到提高，这为公司的长远发展奠定了良好的基础。

等到建立起便捷高效的转板机制后，企业就可以根据自身发展阶段、股份转让和融资等方面的不同需求，选择适合的市场转板上市。

6

上海屹通信息科技股份有限公司通过被收购实现曲线上市创业板

案例详情：

2014 年 7 月 8 日晚间，东方国信对外披露资产重组方案，公司拟以 4.5 亿元收购上海屹通信息科技股份有限公司 100% 的股权。这些股权的账面净资产值总计为 3791.33 万元，不过由于上海屹通信息科技股份有限公司收益一直持续增长，因此此次收购的预估值增值率达到了 1089.56%，而交易双方初步协商的交易价格为 45080 万元。东方国信以现金和股份来支付对价，其中现金支付 11270 万元，余下的部分以每股 18.62 元的发行价格向屹通信息的股东合计发行 1815.8 万股股份。

与此同时，东方国信拟募集配套资金总额不超过 15026 万元，扣除发行费用之后的金额用于支付本次交易中的现金对价以及标的公司拟实施的主营业务相关的项目。

案例解读：

上海屹通信息科技股份有限公司是我国金融业信息化领域的专业服务商之一，主要为银行业金融机构提供信息化解决方案及实施服务。东方国信的这次收购是拓展公司的金融行业的重要举措，公司主营业务并没有改变，而行业领域将从电信领域延伸至金融领域，有利于进一步整合优势资源、提升公司整体竞争实力，符合软件技术产业在高度分化的基础上进行融合发展的趋势，将进一步完善公司在金融领域的战略布局，而且该事项利好公司股价。

而对于上海屹通信息科技股份有限公司而言，经过这次并购使其成为东方国信的全资子公司，而由于东方国信是上市公司，因此屹通信息在挂牌新三板不足半年之后，就实现了曲线上市创业板的目的。

7

久其软件通过 IPO 登陆中小板

案例详情：

久其软件是国内领先的报表管理软件供应商，公司产品在政府部门、大型企业集团中得到广泛应用，其与财政部、国资委、交通运输部等 40 多个国家部委，70 多家央企集团建立了长期的业务联系。

该公司成立于 1997 年 4 月，公司的实际控制人赵福君、董泰湘夫妇在中关村以 50 万元的注册资本成立了北京久其电脑有限公司。2001 年 12 月，公司改制为股份公司，并且很快进行了两次增资，注册资本达到了 4574 万元。2006 年 9 月，久其软件在新三板正式挂牌。2009 年 8 月 11 日，公司第三次冲击 IPO，最终成功登陆中小板，发行价格达到了每股 27 元，募集资金总额达到 41310 万元，对比 2008 年每股收益 0.7959 元，发行市盈率高达 34 倍。

按照每股 27 元的发行价格计算，公司市值达到了 16.5 亿元，而持股比例超过 50% 的赵福君和董泰湘夫妇身家超过 8 亿元，其他 4 位发起人股东也因此身家暴涨。除此之外，公司其余 100 名自然人股东曾经通过新三板买入公司股票，持股量从 3 万股到 36 万股不等，持股成本为每股 9 元~15 元不等，在公司登陆中小板后，也因此而步入百万富翁的行列。

案例解读：

久其软件之所以能够成功登陆中小板，最大的原因在于公司的主营业务突出，发展状况良好，完全具备了上市的条件。尤其是经过新三板的洗礼，公司的治理结构更加规范，融资渠道被拓宽，而且也更加熟悉资本市场的运作规律，因此企业获得了快速的发展。比如在 2008 年的时候，公司年度报表管理软件的市场占有率达到了 22.5%，排名行业第一，而其他诸如 SAP、ORACLE、用友软件等主要竞争对手的市场占有率均在 10% 以下。

而久其软件通过 IPO 成功登陆新三板，为新三板挂牌企业开辟了上市渠道，也刺激了挂牌企业的上市意愿，同时吸引越来越多的企业登陆新三板，这对于活跃整个新三板市场有很大的帮助。

8

宝盈基金全资子公司中铁宝盈发行资管产品

案例详情：

2014 年 4 月，宝盈基金全资子公司中铁宝盈资产管理公司与深圳中证投资咨询公司合作开发的宝盈中证新三板 1 期资产管理产品正式发行，合作双方依托新三板定增网参与新三板企业定增项目，发行规模 5000 万元，认购金额 100 万元起。这款资管产品拟投资高成长、做市交易及转板预期较高的新三板挂牌企业，主要集中在科技、媒体、通信、医药健康、节能环保、高端装备、新材料等行业。

案例解读：

新三板实行投资者适当性管理制度，对投资者设定了投资门槛，要求机构投资者注册资本或实缴出资不低于 500 万元，自然人投资者证券资产不低于 500 万元且有两年以上的证券投资经验。对于个人投资者而言，500 万元的资产并不是小数目，因此大部分个人投资者都被市场排除在外。

此外新三板也一直在积极引导和鼓励证券公司、基金公司等金融机构推出定向投资产品，为个人投资者参与新三板市场创造条件并提供便利通道，而参与新三板市场投资的常见方式是认购资管产品，认购门槛通常只要 100 万元，这样无疑降低了准入门槛。

APPENDIX 附 录

附录一 全国中小企业股份转让系统法律法规及规则

1
法律及行政法规

1.《中华人民共和国公司法》（2013年12月28日第十二届全国人民代表大会常务委员会第六次会议修订，于2014年3月1日实施）

2.《中华人民共和国证券法》（2014年8月31日第十二届全国人民代表大会常务委员会第十次会议修订）

3.《国务院关于全国中小企业股份转让系统有关问题的决定》（国务院2013年12月13日，国发〔2013〕49号）

2
部门规章与规范性文件

综合类

1.《非上市公众公司监督管理办法》（中国证监会于2013年12月26日发布，中国证监会令第96号）

2.《全国中小企业股份转让系统有限责任公司管理暂行办法》（中国证监会于2013年1月31日发布，中国证监会令第89号）

公司准入

1.《非上市公众公司监督管理指引第 2 号——申请文件》（中国证监会于 2013 年 1 月 4 日发布，中国证监会公告［2013］2 号）

2.《非上市公众公司监督管理指引第 4 号——股东人数超过 200 人的未上市股份有限公司申请行政许可有关问题的审核指引》（中国证监会于 2013 年 12 月 26 日发布，中国证监会公告［2013］54 号）

3.《中国证券监督管理委员会公告［2013］19 号》（中国证监会于 2013 年 3 月 15 发布）

信息披露

1.《非上市公众公司监管指引第 1 号——信息披露》（中国证监会于 2013 年 1 月 4 日发布，中国证监会公告［2013］1 号）

2.《非上市公众公司信息披露内容与格式准则第 1 号——公开转让说明书》（中国证监会于 2013 年 12 月 26 日发布，中国证监会公告［2013］50 号）

3.《非上市公众公司信息披露内容与格式准则第 2 号——公开转让股票申请文件》（中国证监会于 2013 年 12 月 26 日发布，中国证监会公告［2013］51 号）

4.《非上市公众公司信息披露内容与格式准则第 3 号——定向发行说明书和发行情况报告书》（中国证监会于 2013 年 12 月 26 日发布，中国证监会公告［2013］52 号）

5.《非上市公众公司信息披露内容与格式准则第 4 号——定向发行申请文件》（中国证监会于 2013 年 12 月 26 日发布，中国证监会公告［2013］53 号）

公司治理

《非上市公众公司监管指引第 3 号——章程必备条款》（中国证监会于 2013 年 1 月 4 日发布，中国证监会公告［2013］3 号）

并购重组

1.《非上市公众公司收购管理办法》（中国证监会于 2014 年 6 月 23 日发布，中国证监会令第 102 号）

2.《非上市公众公司信息披露内容与格式准则第 5 号——权益变动报告书、收购报告书、要约收购变动书》（中国证监会于 2014 年 6 月 23 日发布，中国证监会公告〔2014〕34 号）

3.《非上市公众公司重大资产重组管理办法》（中国证监会于 2014 年 6 月 23 日发布，中国证监会令第 103 号）

4.《非上市公众公司信息披露内容与格式准则第 6 号——重大资产重组报告书》（中国证监会于 2014 年 6 月 23 日发布，中国证监会公告〔2014〕35 号）

税收

《关于实施全国中小企业股份转让系统挂牌公司股息红利差别化个人所得税政策有关问题的通知》（财政部、国家税务总局、中国证监会于 2014 年 6 月 27 日发布，财税〔2014〕48 号）

3
业务规则

综合类

1.《全国中小企业股份转让系统业务规则（试行）》（全国中小企业股份转让系统有限责任公司于 2013 年 2 月 8 日发布，2013 年 12 月 30 日修改）

2.《关于境内企业挂牌全国中小企业股份转让系统有关事项的公告》（全国中小企业股份转让系统有限责任公司、中国证券登记结算有限责任公司于 2013 年 12 月 30 日发布，股转系统公告〔2013〕54 号）

3.《关于发布全国中小企业股份转让系统相关业务规定和细则的通知》（全国中小企业股份转让系统有限责任公司于 2013 年 2 月 8 日发布，股转系统公告〔2013〕3 号）

4.《全国中小企业股份转让系统主办券商管理细则（试行）》

5.《全国中小企业股份转让系统投资者适当性管理细则（试行）》（2013

年 12 月 30 日修改）

6.《关于发布全国中小企业股份转让系统相关业务指引的通知》（全国中小企业股份转让系统有限责任公司于 2013 年 2 月 8 日发布，股转系统公告 [2013] 6 号）

7.《关于发布全国中小企业股份转让系统做市商做市业务管理规定（试行）》（全国中小企业股份转让系统有限责任公司于 2013 年 6 月 5 日发布）

挂牌业务

1.《全国中小企业股份转让系统主办券商推荐业务规定（试行）》
2.《全国中小企业股份转让系统股票挂牌条件适用基本标准指引（试行）》
3.《全国中小企业股份转让系统公开转让说明书内容与格式指引（试行）》
4.《全国中小企业股份转让系统挂牌申请文件内容与格式指引（试行）》
5.《全国中小企业股份转让系统主办券商尽职调查工作指引（试行）》
6.《全国中小企业股份转让系统挂牌公司年度报告内容与格式指引（试行）》
7.《全国中小企业股份转让系统挂牌公司半年度报告内容与格式指引（试行）》

发行业务

1.《全国中小企业股份转让系统股票发行业务细则（试行）》
2.《全国中小企业股份转让系统股票发行业务指引第 1 号——备案文件的内容与格式（试行）》
3.《全国中小企业股份转让系统股票发行业务指引第 2 号——股票发行方案及发行情况报告书的内容与格式（试行）》
4.《全国中小企业股份转让系统股票发行业务指引第 3 号——主办券商关于股票发行合法合规性意见的内容与格式（试行）》
5.《全国中小企业股份转让系统股票发行业务指引第 4 号——法律意见书的内容与格式（试行）》

并购重组

1. 《全国中小企业股份转让系统非上市公众公司重大资产重组业务指引（试行）》（全国中小企业股份转让系统有限责任公司于 2014 年 7 月 25 日发布，股转系统公告［2014］70 号）

2. 《全国中小企业股份转让系统重大资产重组业务指南第 1 号：非上市公众公司重大资产重组内幕信息知情人报备指南》（全国中小企业股份转让系统有限责任公司于 2014 年 7 月 25 日发布，股转系统公告［2014］72 号）

3. 《全国中小企业股份转让系统重大资产重组业务指南第 2 号：非上市公众公司发行股份购买资产构成重大资产重组文件报送指南》（全国中小企业股份转让系统有限责任公司于 2014 年 7 月 25 日发布，股转系统公告［2014］72 号）

信息披露

1. 《全国中小企业股份转让系统挂牌公司信息披露细则（试行）》

2. 《全国中小企业股份转让系统挂牌公司持续信息披露业务指南（试行）》（全国中小企业股份转让系统有限责任公司于 2013 年 7 月 15 日发布，股转系统公告［2013］22 号）

交易结算

《关于发布全国中小企业股份转让系统过渡期交易结算暂行办法的通知》（全国中小企业股份转让系统有限责任公司于 2013 年 2 月 8 日发布，股转系统公告［2013］4 号）

两网公司及退市公司

《关于原代办股份转让系统挂牌的两网公司及交易所市场退市公司相关制度过度安排有关事项的通知》（全国中小企业股份转让系统有限责任公司于 2013 年 2 月 8 日发布，股转系统公告［2013］5 号）

附件一：《全国中小企业股份转让系统两网公司及退市公司股票转让暂行办法》

附件二：《全国中小企业股份转让系统两网公司及退市公司信息披露暂行

办法》

收费事宜

1.《关于收取挂牌公司挂牌年费的通知》（全国中小企业股份转让系统有限责任公司于 2013 年 6 月 14 日发布）

2.《关于全国中小企业股份转让系统有限责任公司有关收费事宜的通知》（全国中小企业股份转让系统有限责任公司于 2013 年 2 月 8 日发布，股转系统公告〔2013〕7 号）

附件一：《全国中小企业股份转让系统挂牌公司股票转让服务收费明细表》

附件二：《全国中小企业股份转让系统两网公司及退市公司股票转让服务收费（及代收税项）明细表》

4
业务指南

1.《全国中小企业股份转让系统股票转让方式确定及变更指引（试行）》（全国中小企业股份转让系统有限责任公司于 2014 年 7 月 3 日发布，股转系统公告〔2014〕62 号）

2.《全国中小企业股份转让系统股票挂牌业务操作指南（试行）》（全国中小企业股份转让系统有限责任公司于 2013 年 8 月 22 日发布）

3.《全国中小企业股份转让系统两网公司及退市公司股票分类转让变更业务指南（试行）》（全国中小企业股份转让系统有限责任公司于 2013 年 7 月 15 日发布，股转系统公告〔2013〕25 号）

4.《全国中小企业股份转让系统挂牌公司证券简称或公司全称变更业务指南（试行）》（全国中小企业股份转让系统有限责任公司于 2013 年 7 月 15 日发布，股转系统公告〔2013〕24 号）

5.《全国中小企业股份转让系统挂牌公司暂停与恢复转让业务指南（试

行）》（全国中小企业股份转让系统有限责任公司于 2013 年 7 月 15 日发布，股转系统公告［2013］23 号）

6.《全国中小企业股份转让系统主办券商相关业务备案申请文件内容与格式指南（试行）》（全国中小企业股份转让系统有限责任公司于 2013 年 6 月 14 日发布）

7.《全国中小企业股份转让系统关于做好申请材料接收工作有关注意事项的通知》（全国中小企业股份转让系统有限责任公司于 2013 年 6 月 17 日发布）

8.《关于做好主办券商相关信息在指定平台披露工作的通知》（全国中小企业股份转让系统有限责任公司于 2013 年 4 月 2 日发布）

9.《全国中小企业股份转让系统申请材料接收须知》（全国中小企业股份转让系统有限责任公司于 2013 年 3 月 20 日发布）

10.《股份公司申请在全国中小企业股份转让系统公开转让、定向发行股票的审查工作流程》（全国中小企业股份转让系统有限责任公司于 2013 年 3 月 19 日发布）

5

文件模板

1.《全国中小企业股份转让系统公告［2013］26 号》（全国中小企业股份转让系统有限责任公司于 2013 年 7 月 24 日发布）
附件一：《两网公司及退市公司股票转让委托协议书》
附件二：《两网公司及退市公司股票风险转让风险揭示书》

2.《全国中小企业股份转让系统挂牌协议》（全国中小企业股份转让系统有限责任公司于 2013 年 4 月 11 日发布）

3.《董事（监事、高级管理人员）声明及承诺书》（全国中小企业股份转让系统有限责任公司于 2013 年 4 月 11 日发布）

4.《推荐挂牌并持续督导协议书》（全国中小企业股份转让系统有限责任

公司于 2013 年 3 月 14 日发布）

5.《持续督导协议书》（全国中小企业股份转让系统有限责任公司于 2013 年 3 月 14 日发布）

6.《已挂牌公司申请书及主办券商推荐意见模板》（全国中小企业股份转让系统有限责任公司于 2013 年 2 月 27 日发布）

附件一：《XX 股份有限公司关于股票在全国中小企业股份转让系统公开转让的申请报告》

附件二：《XX 股份有限公司管股股票在全国中小企业股份转让系统挂牌的申请报告》

附件三：《XX 证券公司关于 XX 股份有限公司股票在全国中小企业股份转让系统公开转让的推荐意见》

7.《证券公司基本情况申请表》（全国中小企业股份转让系统有限责任公司于 2013 年 2 月 27 日发布）

8.《证券公司参与全国中小企业股份转让系统业务协议书》（全国中小企业股份转让系统有限责任公司于 2013 年 2 月 27 日发布）

9.《证券公司从事推荐业务自律承诺书》（全国中小企业股份转让系统有限责任公司于 2013 年 2 月 27 日发布）

10.《证券公司从事经纪业务自律承诺书》（全国中小企业股份转让系统有限责任公司于 2013 年 2 月 27 日发布）

11.《买卖挂牌公司股票委托代理协议》（全国中小企业股份转让系统有限责任公司于 2013 年 2 月 27 日发布）

12.《〈全国中小企业股份转让系统挂牌公司股票公开转让特别风险揭示书〉必备条款》（全国中小企业股份转让系统有限责任公司于 2013 年 2 月 27 日发布）

附录二 全国中小企业股份转让系统核心法规及业务规则

1

《全国中小企业股份转让系统业务规则（试行）》

（2013年2月8日发布，2013年12月30日修改）

第一章 总　　则

1.1 为规范全国中小企业股份转让系统（以下简称"全国股份转让系统"）运行，维护市场正常秩序，保护投资者合法权益，根据《中华人民共和国公司法》（以下简称《公司法》）、《中华人民共和国证券法》《国务院关于全国中小企业股份转让系统有关问题的决定》以及《非上市公众公司监督管理办法》（以下简称《管理办法》）、《全国中小企业股份转让系统有限责任公司管理暂行办法》等法律、行政法规、部门规章，制定本业务规则。

1.2 在全国股份转让系统挂牌的股票、可转换公司债券及其他证券品种，适用本业务规则。本业务规则未作规定的，适用全国中小企业股份转让系统有限责任公司（以下简称"全国股份转让系统公司"）的其他有关规定。

1.3 全国股份转让系统的证券公开转让及相关活动，实行公开、公平、公正的原则，禁止证券欺诈、内幕交易、操纵市场等违法违规行为。

市场参与人应当遵循自愿、有偿、诚实信用的原则。

1.4 申请挂牌公司、挂牌公司及其董事、监事、高级管理人员、股东、实际控制人，主办券商、会计师事务所、律师事务所、其他证券服务机构及其相关人员，投资者应当遵守法律、行政法规、部门规章、本业务规则及全国股份转让系统公司其他业务规定。

1.5 申请挂牌公司、挂牌公司及其他信息披露义务人、主办券商应当真实、准确、完整、及时地披露信息，不得有虚假记载、误导性陈述或者重大遗漏。

申请挂牌公司、挂牌公司的董事、监事、高级管理人员应当忠实、勤勉地履行职责，保证公司披露信息的真实、准确、完整、及时、公平。

申请挂牌公司、挂牌公司及其他信息披露义务人、主办券商依法披露的信息，应当第一时间在全国股份转让系统指定信息披露平台（www.neeq.com.cn 或 www.neeq.cc）公布。

1.6 全国股份转让系统实行主办券商制度。主办券商应当对所推荐的挂牌公司履行持续督导义务。

1.7 主办券商、会计师事务所、律师事务所、其他证券服务机构及其相关人员在全国股份转让系统从事相关业务，应严格履行法定职责，遵守行业规范，勤勉尽责，诚实守信，并对出具文件的真实性、准确性、完整性负责。

1.8 全国股份转让系统实行投资者适当性管理制度。投资者应当具备一定的证券投资经验和相应的风险识别和承担能力，知悉相关业务规则，自行承担投资风险。

1.9 挂牌公司、主办券商、投资者等市场参与人，应当按照规定交纳相关税费。

1.10 挂牌公司是经中国证监会核准的非上市公众公司，股东人数可以超过二百人。

《管理办法》实施前股东人数为二百人以上的股份有限公司，依照有关法律、行政法规、部门规章进行规范并经中国证监会确认后，符合本业务规则规定条件的，可以向全国股份转让系统公司申请挂牌。

1.11 全国股份转让系统公司依法对申请挂牌公司、挂牌公司及其他信息披露义务人、主办券商等市场参与人进行自律监管。

第二章 股票挂牌

2.1 股份有限公司申请股票在全国股份转让系统挂牌，不受股东所有制性质的限制，不限于高新技术企业，应当符合下列条件：

（一）依法设立且存续满两年。有限责任公司按原账面净资产值折股整体变更为股份有限公司的，存续时间可以从有限责任公司成立之日起计算；

（二）业务明确，具有持续经营能力；

（三）公司治理机制健全，合法规范经营；

（四）股权明晰，股票发行和转让行为合法合规；

（五）主办券商推荐并持续督导；

（六）全国股份转让系统公司要求的其他条件。

2.2 申请挂牌公司应当与主办券商签订推荐挂牌并持续督导协议，按照全国股份转让系统公司的有关规定编制申请文件，并向全国股份转让系统公司申报。

2.3 全国股份转让系统公司对挂牌申请文件审查后，出具是否同意挂牌的审查意见。

2.4 申请挂牌公司取得全国股份转让系统公司同意挂牌的审查意见及中国证监会核准文件后，按照全国股份转让系统公司规定的有关程序办理挂牌手续。

申请挂牌公司应当在其股票挂牌前与全国股份转让系统公司签署挂牌协议，明确双方的权利、义务和有关事项。

2.5 申请挂牌公司应当在其股票挂牌前依照全国股份转让系统公司的规定披露公开转让说明书等文件。

2.6 申请挂牌公司在其股票挂牌前实施限制性股票或股票期权等股权激励计划且尚未行权完毕的，应当在公开转让说明书中披露股权激励计划等情况。

2.7 申请挂牌公司在其股票挂牌前，应当与中国证券登记结算有限责任公司（以下简称"中国结算"）签订证券登记及服务协议，办理全部股票的集中登记。

2.8 挂牌公司控股股东及实际控制人在挂牌前直接或间接持有的股票分三批解除转让限制，每批解除转让限制的数量均为其挂牌前所持股票的三分之一，解除转让限制的时间分别为挂牌之日、挂牌期满一年和两年。

挂牌前十二个月以内控股股东及实际控制人直接或间接持有的股票进行过转让的，该股票的管理按照前款规定执行，主办券商为开展做市业务取得的做市初始库存股票除外。

因司法裁决、继承等原因导致有限售期的股票持有人发生变更的，后续持有人应继续执行股票限售规定。

2.9 股票解除转让限制，应由挂牌公司向主办券商提出，由主办券商报全国股份转让系统公司备案。全国股份转让系统公司备案确认后，通知中国结算办理解除限售登记。

第三章　股票转让

第一节　一般规定

3.1.1 股票转让采用无纸化的公开转让形式，或经中国证监会批准的其他转让形式。

3.1.2 股票转让可以采取协议方式、做市方式、竞价方式或其他中国证监会批准的转让方式。经全国股份转让系统公司同意，挂牌股票可以转换转让方式。

3.1.3 挂牌股票采取协议转让方式的，全国股份转让系统公司同时提供集合竞价转让安排。

3.1.4 挂牌股票采取做市转让方式的，须有 2 家以上从事做市业务的主办券商（以下简称"做市商"）为其提供做市报价服务。

做市商应当在全国股份转让系统持续发布买卖双向报价，并在报价价位和数量范围内履行与投资者的成交义务。做市转让方式下，投资者之间不能成交。全国股份转让系统公司另有规定的除外。

3.1.5 全国股份转让系统为证券转让提供相关设施，包括交易主机、交易单元、报盘系统及相关通信系统等。

3.1.6 主办券商进入全国股份转让系统进行证券转让，应当先向全国股份转让系统公司申请取得转让权限，成为转让参与人。

3.1.7 股票转让时间为每周一至周五上午 9：15 至 11：30，下午 13：00 至 15：00。转让时间内因故停市，转让时间不作顺延。

遇法定节假日和全国股份转让系统公司公告的休市日，全国股份转让系统休市。

3.1.8 全国股份转让系统对股票转让不设涨跌幅限制。全国股份转让系统公司另有规定的除外。

3.1.9 投资者买卖挂牌公司股票，应当开立证券账户和资金账户，并与主办券商签订证券买卖委托代理协议。

投资者开立证券账户，应当按照中国结算的相关规定办理。

3.1.10 主办券商接受投资者的买卖委托后，应当确认投资者具备相应股票或资金，并按照投资者委托的时间先后顺序向全国股份转让系统申报。

3.1.11 买卖挂牌公司股票，申报数量应当为1000股或其整数倍。

卖出挂牌公司股票时，余额不足1000股部分，应当一次性申报卖出。

3.1.12 股票转让的计价单位为"每股价格"。股票转让的申报价格最小变动单位为0.01元人民币。

3.1.13 全国股份转让系统公司可以根据市场需要，调整股票单笔买卖申报数量和申报价格的最小变动单位。

3.1.14 申报当日有效。投资者可以撤销委托申报的未成交部分。

3.1.15 买卖申报经交易主机成交确认后，转让即告成立，买卖双方必须承认转让结果，履行清算交收义务，本规则另有规定的除外。

3.1.16 中国结算作为共同对手方，为股票转让提供清算和多边净额担保交收服务；或不作为共同对手方，提供其他清算、交收等服务。

3.1.17 投资者卖出股票，须委托代理其买入该股票的主办券商办理。如需委托另一家主办券商卖出该股票，须办理股票转托管手续。

3.1.18 投资者因司法裁决、继承等特殊原因需要办理股票过户的，依照中国结算的规定办理。

第二节　转让信息

3.2.1 全国股份转让系统公司每个转让日发布股票转让即时行情、股票转让公开信息等转让信息，及时编制反映市场转让情况的各类报表，并通过全国股份转让系统指定信息披露平台或其他媒体予以公布。

3.2.2 全国股份转让系统公司负责全国股份转让系统信息的统一管理和发

布。未经全国股份转让系统公司许可，任何机构和个人不得发布、使用和传播转让信息。经全国股份转让系统公司许可使用转让信息的机构和个人，未经同意不得将转让信息提供给其他机构和个人使用或予以传播。

3.2.3 全国股份转让系统公司可以根据市场发展需要，编制综合指数、成份指数、分类指数等证券指数，随即时行情发布。

证券指数的设置和编制方法，由全国股份转让系统公司另行规定。

第三节　监控与异常情况处理

3.3.1 全国股份转让系统公司对股票转让中出现的异常转让行为进行重点监控，并可以视情况采取盘中临时停止股票转让等措施。

3.3.2 发生下列转让异常情况之一，导致部分或全部转让不能正常进行的，全国股份转让系统公司可以决定单独或同时采取暂缓进入清算交收程序、技术性停牌或临时停市等措施：

（一）不可抗力；

（二）意外事件；

（三）技术故障；

（四）全国股份转让系统公司认定的其他异常情况。

3.3.3 全国股份转让系统公司对暂缓进入清算交收程序、技术性停牌或临时停市决定予以公告。技术性停牌或临时停市原因消除后，全国股份转让系统公司可以决定恢复转让，并予以公告。

因转让异常情况及全国股份转让系统公司采取的相应措施造成损失的，全国股份转让系统公司不承担赔偿责任。

3.3.4 转让异常情况处理的具体规定，由全国股份转让系统公司另行制定并报中国证监会批准。

第四章　挂牌公司

第一节　公司治理

4.1.1 挂牌公司应当按照法律、行政法规、部门规章、全国股份转让系统公司相关业务规定完善公司治理，确保所有股东，特别是中小股东享有平等地位，充分行使合法权利。

4.1.2 挂牌公司应当依据《公司法》及有关非上市公众公司章程必备条款的规定制定公司章程并披露。

挂牌公司应当依照公司章程的规定，规范重大事项的内部决策程序。

4.1.3 挂牌公司与控股股东、实际控制人及其控制的其他企业应实行人员、资产、财务分开，各自独立核算、独立承担责任和风险。

4.1.4 控股股东、实际控制人及其控制的其他企业应切实保证挂牌公司的独立性，不得利用其股东权利或者实际控制能力，通过关联交易、垫付费用、提供担保及其他方式直接或者间接侵占挂牌公司资金、资产，损害挂牌公司及其他股东的利益。

4.1.5 挂牌公司董事会做出的对公司治理机制的讨论评估应当在年度报告中披露。

4.1.6 挂牌公司可以实施股权激励，具体办法另行规定。

第二节　信息披露

4.2.1 挂牌公司应当按照全国股份转让系统公司相关规定编制并披露定期报告和临时报告；上述文件披露前，挂牌公司应当依据公司章程履行内部程序。

挂牌公司应当按照《企业会计准则》的要求编制财务报告，全国股份转让系统公司另有规定的除外。

挂牌公司发生的或者与之有关的事件没有达到全国股份转让系统公司规定的披露标准，或者全国股份转让系统公司没有具体规定，但公司董事会认为该事件对公司股票转让价格可能产生较大影响的，公司应当及时披露。

4.2.2 若挂牌公司有充分依据证明其拟披露的信息属于国家机密、商业秘密，可能导致其违反国家有关保密法律、行政法规规定或者严重损害挂牌公司利益的，可以向全国股份转让系统公司申请豁免披露或履行相关义务。

4.2.3 挂牌公司应当制定并执行信息披露事务管理制度。

挂牌公司设有董事会秘书的，由董事会秘书负责信息披露管理事务，未设董事会秘书的，挂牌公司应指定一名具有相关专业知识的人员负责信息披露管理事务，并向全国股份转让系统公司报备。负责信息披露管理事务的人员应列席公司的董事会和股东大会。

4.2.4 挂牌公司及其他信息披露义务人应当对其披露信息内容的真实性、准确性、完整性承担责任。

4.2.5 挂牌公司、相关信息披露义务人和其他知情人不得泄露内幕信息。

4.2.6 主办券商应对挂牌公司拟披露的信息披露文件进行审查，履行持续督导职责。

4.2.7 全国股份转让系统公司对挂牌公司及其他信息披露义务人已披露的信息进行审查。

4.2.8 挂牌公司出现下列情形之一的，全国股份转让系统公司对股票转让实行风险警示，在公司股票简称前加注标识并公告：

（一）最近一个会计年度的财务会计报告被出具否定意见或者无法表示意见的审计报告；

（二）最近一个会计年度经审计的期末净资产为负值；

（三）全国股份转让系统公司规定的其他情形。

第三节 定向发行

4.3.1 本业务规则规定的定向发行，是指申请挂牌公司、挂牌公司向特定对象发行股票的行为。

4.3.2 申请挂牌公司、挂牌公司定向发行应当符合全国股份转让系统公司有关投资者适当性管理、信息披露等规定。

4.3.3 按照《管理办法》应申请核准的定向发行，主办券商应当出具推荐文件，挂牌公司取得全国股份转让系统公司同意定向发行的审查意见及中国证监会核准文件后，与全国股份转让系统公司办理定向发行新增股份的挂牌手续。

4.3.4 按照《管理办法》豁免申请核准的定向发行，主办券商应履行持续督导职责并发表意见，挂牌公司在发行验资完毕后填报备案登记表，办理新增股份的登记及挂牌手续。

4.3.5 申请挂牌公司申请股票在全国股份转让系统挂牌的同时定向发行的，

应在公开转让说明书中披露。

第四节　暂停与恢复转让

4.4.1 挂牌公司发生下列事项，应当向全国股份转让系统公司申请暂停转让，直至按规定披露或相关情形消除后恢复转让。

（一）预计应披露的重大信息在披露前已难以保密或已经泄露，或公共媒体出现与公司有关传闻，可能或已经对股票转让价格产生较大影响的；

（二）涉及需要向有关部门进行政策咨询、方案论证的无先例或存在重大不确定性的重大事项，或挂牌公司有合理理由需要申请暂停股票转让的其他事项；

（三）向中国证监会申请首次公开发行股票并上市，或向证券交易所申请股票上市；

（四）向全国股份转让系统公司主动申请终止挂牌；

（五）未在规定期限内披露年度报告或者半年度报告；

（六）主办券商与挂牌公司解除持续督导协议；

（七）出现依《公司法》第一百八十一条规定解散的情形，或法院依法受理公司重整、和解或者破产清算申请。

挂牌公司未按规定向全国股份转让系统公司申请暂停股票转让的，主办券商应当及时向全国股份转让系统公司报告并提出处理建议。

4.4.2 全国股份转让系统公司可以根据中国证监会的要求或者基于维护市场秩序的需要，决定挂牌公司股票的暂停与恢复转让事宜。

第五节　终止与重新挂牌

4.5.1 挂牌公司出现下列情形之一的，全国股份转让系统公司终止其股票挂牌：

（一）中国证监会核准其首次公开发行股票申请，或证券交易所同意其股票上市；

（二）终止挂牌申请获得全国股份转让系统公司同意；

（三）未在规定期限内披露年度报告或者半年度报告的，自期满之日起两个月内仍未披露年度报告或半年度报告；

（四）主办券商与挂牌公司解除持续督导协议，挂牌公司未能在股票暂停转让之日起三个月内与其他主办券商签署持续督导协议的；

（五）挂牌公司经清算组或管理人清算并注销公司登记的；

（六）全国股份转让系统公司规定的其他情形。

4.5.2 全国股份转让系统公司在做出股票终止挂牌决定后发布公告，并报中国证监会备案。

挂牌公司应当在收到全国股份转让系统公司的股票终止挂牌决定后及时披露股票终止挂牌公告。

4.5.3 对因本业务规则4.5.1条第（三）、（四）项情形终止挂牌的公司，全国股份转让系统公司可以为其提供股票非公开转让服务。

4.5.4 导致公司终止挂牌的情形消除后，经公司申请、主办券商推荐及全国股份转让系统公司同意，公司股票可以重新挂牌。

第五章　主办券商

5.1 主办券商是指在全国股份转让系统从事下列部分或全部业务的证券公司：

（一）推荐业务：推荐申请挂牌公司股票挂牌，持续督导挂牌公司，为挂牌公司定向发行、并购重组等提供相关服务；

（二）经纪业务：代理开立证券账户、代理买卖股票等业务；

（三）做市业务；

（四）全国股份转让系统公司规定的其他业务。

从事前款第一项业务的，应当具有证券承销与保荐业务资格；从事前款第二项业务的，应当具有证券经纪业务资格；从事前款第三项业务的，应当具有证券自营业务资格。

5.2 证券公司在全国股份转让系统开展相关业务前，应向全国股份转让系统公司申请备案。

全国股份转让系统公司同意备案的，与其签订协议，出具备案函并公告。

5.3 主办券商应在取得全国股份转让系统公司备案函后五个转让日内，在全国股份转让系统指定信息披露平台披露公司基本情况、主要业务人员情况及全国股份转让系统公司要求披露的其他信息。

主办券商在全国股份转让系统开展业务期间，应按全国股份转让系统公司要求报送并披露相关执业情况等信息。

主办券商所披露信息内容发生变更的，应按规定及时报告全国股份转让系统公司并进行更新。

5.4 主办券商在全国股份转让系统开展业务，应当建立健全各项业务管理制度和业务操作流程，建立健全风险管理制度和合规管理制度，保障业务依法合规进行，严格防范和控制业务风险。

5.5 主办券商应当实现推荐业务、经纪业务、做市业务以及其他业务之间的有效隔离，防范内幕交易，避免利益冲突。

5.6 主办券商开展推荐业务，应勤勉尽责地进行尽职调查和内核，并承担相应责任。

5.7 主办券商应持续督导所推荐挂牌公司诚实守信、规范履行信息披露义务、完善公司治理机制。

主办券商与挂牌公司解除持续督导协议前，应当报告全国股份转让系统公司并说明理由。

5.8 主办券商应当建立健全投资者适当性管理工作制度和业务流程，严格执行全国股份转让系统投资者适当性管理各项要求。

5.9 主办券商发现投资者存在异常交易行为，应提醒投资者；对可能严重影响正常交易秩序的异常交易行为，应及时报告全国股份转让系统公司。

5.10 主办券商开展做市业务不得利用信息优势和资金优势，通过单独或者合谋，以串通报价或相互买卖操纵股票转让价格，损害投资者利益。

5.11 全国股份转让系统公司对主办券商及其从业人员的执业行为进行持续管理，开展现场检查和非现场检查，记录其执业情况、违规行为等信息。

第六章 监管措施与违规处分

6.1 全国股份转让系统公司可以对本业务规则 1.4 条规定的监管对象采取下列自律监管措施：

（一）要求申请挂牌公司、挂牌公司及其他信息披露义务人或者其董事

（会）、监事（会）和高级管理人员、主办券商、证券服务机构及其相关人员对有关问题做出解释、说明和披露；

（二）要求申请挂牌公司、挂牌公司聘请中介机构对公司存在的问题进行核查并发表意见；

（三）约见谈话；

（四）要求提交书面承诺；

（五）出具警示函；

（六）责令改正；

（七）暂不受理相关主办券商、证券服务机构或其相关人员出具的文件；

（八）暂停解除挂牌公司控股股东、实际控制人的股票限售；

（九）限制证券账户交易；

（十）向中国证监会报告有关违法违规行为；

（十一）其他自律监管措施。

监管对象应当积极配合全国股份转让系统公司的日常监管，在规定期限内回答问询，按照全国股份转让系统公司的要求提交说明，或者披露相应的更正或补充公告。

6.2 申请挂牌公司、挂牌公司、相关信息披露义务人违反本业务规则、全国股份转让系统公司其他相关业务规定的，全国股份转让系统公司视情节轻重给予以下处分，并记入证券期货市场诚信档案数据库（以下简称"诚信档案"）：

（一）通报批评；

（二）公开谴责。

6.3 申请挂牌公司、挂牌公司的董事、监事、高级管理人员违反本业务规则、全国股份转让系统公司其他相关业务规定的，全国股份转让系统公司视情节轻重给予以下处分，并记入诚信档案：

（一）通报批评；

（二）公开谴责；

（三）认定其不适合担任公司董事、监事、高级管理人员。

6.4 主办券商违反本业务规则、全国股份转让系统公司其他相关业务规定的，全国股份转让系统公司视情节轻重给予以下处分，并记入诚信档案：

（一）通报批评；

（二）公开谴责；

（三）限制、暂停直至终止其从事相关业务。

6.5 主办券商的相关业务人员违反本业务规则、全国股份转让系统公司其他相关业务规定的，全国股份转让系统公司视情节轻重给予以下处分，并记入诚信档案：

（一）通报批评；

（二）公开谴责。

6.6 会计师事务所、律师事务所、其他证券服务机构及其工作人员违反本业务规则、全国股份转让系统公司其他相关业务规定的，全国股份转让系统公司视情节轻重给予以下处分，记入诚信档案并向相关行业自律组织通报：

（一）通报批评；

（二）公开谴责。

6.7 全国股份转让系统公司设立纪律处分委员会对本业务规则规定的纪律处分事项进行审核，做出独立的专业判断并形成审核意见。全国股份转让系统公司根据纪律处分委员会的审核意见，做出是否给予纪律处分的决定。

监管对象不服全国股份转让系统公司做出的纪律处分决定的，可自收到处分通知之日起 15 个工作日内向全国股份转让系统公司申请复核，复核期间该处分决定不停止执行。

第七章　附　　则

7.1 原证券公司代办股份转让系统挂牌的 STAQ、NET 系统公司和退市公司的股票转让、信息披露等事项另行规定。

7.2 本业务规则所称"以上""以内"含本数，"超过"不含本数。

7.3 本业务规则由全国股份转让系统公司负责解释。

7.4 本业务规则经中国证监会批准后生效，自发布之日起实施。

2

《非上市公众公司监督管理办法》

（2012年9月28日中国证券监督管理委员会第17次主席办公室会议审议通过，根据2013年12月26日中国证券监督管理委员会《关于修改〈非上市公众公司监督管理办法〉的决定》修订）

第一章 总 则

第一条 为了规范非上市公众公司股票转让和发行行为，保护投资者合法权益，维护社会公共利益，根据《证券法》《公司法》及相关法律法规的规定，制定本办法。

第二条 本办法所称非上市公众公司（以下简称公众公司）是指有下列情形之一且其股票未在证券交易所上市交易的股份有限公司：

（一）股票向特定对象发行或者转让导致股东累计超过200人；

（二）股票公开转让。

第三条 公众公司应当按照法律、行政法规、本办法和公司章程的规定，做到股权明晰，合法规范经营，公司治理机制健全，履行信息披露义务。

第四条 公众公司公开转让股票应当在全国中小企业股份转让系统进行，公开转让的公众公司股票应当在中国证券登记结算公司集中登记存管。

第五条 公众公司可以依法进行股权融资、债权融资、资产重组等。

公众公司发行优先股等证券品种，应当遵守法律、行政法规和中国证券监督管理委员会（以下简称中国证监会）的相关规定。

第六条 为公司出具专项文件的证券公司、律师事务所、会计师事务所及其他证券服务机构，应当勤勉尽责、诚实守信，认真履行审慎核查义务，按照依法制定的业务规则、行业执业规范和职业道德准则发表专业意见，保证所出具文件的真实性、准确性和完整性，并接受中国证监会的监管。

第二章 公司治理

第七条 公众公司应当依法制定公司章程。

中国证监会依法对公众公司章程必备条款做出具体规定，规范公司章程的制定和修改。

第八条 公众公司应当建立兼顾公司特点和公司治理机制基本要求的股东大会、董事会、监事会制度，明晰职责和议事规则。

第九条 公众公司的治理结构应当确保所有股东，特别是中小股东充分行使法律、行政法规和公司章程规定的合法权利。

股东对法律、行政法规和公司章程规定的公司重大事项，享有知情权和参与权。

公众公司应当建立健全投资者关系管理，保护投资者的合法权益。

第十条 公众公司股东大会、董事会、监事会的召集、提案审议、通知时间、召开程序、授权委托、表决和决议等应当符合法律、行政法规和公司章程的规定；会议记录应当完整并安全保存。

股东大会的提案审议应当符合程序，保障股东的知情权、参与权、质询权和表决权；董事会应当在职权范围和股东大会授权范围内对审议事项做出决议，不得代替股东大会对超出董事会职权范围和授权范围的事项进行决议。

第十一条 公众公司董事会应当对公司的治理机制是否给所有的股东提供合适的保护和平等权利等情况进行充分讨论、评估。

第十二条 公众公司应当强化内部管理，按照相关规定建立会计核算体系、财务管理和风险控制等制度，确保公司财务报告真实可靠及行为合法合规。

第十三条 公众公司进行关联交易应当遵循平等、自愿、等价、有偿的原则，保证交易公平、公允，维护公司的合法权益，根据法律、行政法规、中国证监会的规定和公司章程，履行相应的审议程序。

第十四条 公众公司应当采取有效措施防止股东及其关联方以各种形式占用或者转移公司的资金、资产及其他资源。

第十五条 公众公司实施并购重组行为，应当按照法律、行政法规、中国证监会的规定和公司章程，履行相应的决策程序并聘请证券公司和相关证券服务机构出具专业意见。

任何单位和个人不得利用并购重组损害公众公司及其股东的合法权益。

第十六条 进行公众公司收购，收购人或者其实际控制人应当具有健全的公司治理机制和良好的诚信记录。收购人不得以任何形式从被收购公司获得财务资助，不得利用收购活动损害被收购公司及其股东的合法权益。

在公众公司收购中，收购人持有的被收购公司的股份，在收购完成后12个月内不得转让。

第十七条 公众公司实施重大资产重组，重组的相关资产应当权属清晰、定价公允，重组后的公众公司治理机制健全，不得损害公众公司和股东的合法权益。

第十八条 公众公司应当按照法律的规定，同时结合公司的实际情况在章程中约定建立表决权回避制度。

第十九条 公众公司应当在章程中约定纠纷解决机制。股东有权按照法律、行政法规和公司章程的规定，通过仲裁、民事诉讼或者其他法律手段保护其合法权益。

第三章 信息披露

第二十条 公司及其他信息披露义务人应当按照法律、行政法规和中国证监会的规定，真实、准确、完整、及时地披露信息，不得有虚假记载、误导性陈述或者重大遗漏。公司及其他信息披露义务人应当向所有投资者同时公开披露信息。

公司的董事、监事、高级管理人员应当忠实、勤勉地履行职责，保证公司披露信息的真实、准确、完整、及时。

第二十一条 信息披露文件主要包括公开转让说明书、定向转让说明书、定向发行说明书、发行情况报告书、定期报告和临时报告等。具体的内容与格式、编制规则及披露要求，由中国证监会另行制定。

第二十二条 股票公开转让与定向发行的公众公司应当披露半年度报告、年度报告。年度报告中的财务会计报告应当经具有证券期货相关业务资格的会计师事务所审计。

股票向特定对象转让导致股东累计超过 200 人的公众公司，应当披露年度报告。年度报告中的财务会计报告应当经会计师事务所审计。

第二十三条 公众公司董事、高级管理人员应当对定期报告签署书面确认意见；对报告内容有异议的，应当单独陈述理由，并与定期报告同时披露。公众公司不得以董事、高级管理人员对定期报告内容有异议为由不按时披露定期报告。

公众公司监事会应当对董事会编制的定期报告进行审核并提出书面审核意见，说明董事会对定期报告的编制和审核程序是否符合法律、行政法规、中国证监会的规定和公司章程，报告的内容是否能够真实、准确、完整地反映公司实际情况。

第二十四条 证券公司、律师事务所、会计师事务所及其他证券服务机构出具的文件和其他有关的重要文件应当作为备查文件，予以披露。

第二十五条 发生可能对股票价格产生较大影响的重大事件，投资者尚未得知时，公众公司应当立即将有关该重大事件的情况报送临时报告，并予以公告，说明事件的起因、目前的状态和可能产生的后果。

第二十六条 公众公司实施并购重组的，相关信息披露义务人应当依法严格履行公告义务，并及时准确地向公众公司通报有关信息，配合公众公司及时、准确、完整地进行披露。

参与并购重组的相关单位和人员，在并购重组的信息依法披露前负有保密义务，禁止利用该信息进行内幕交易。

第二十七条 公众公司应当制定信息披露事务管理制度并指定具有相关专业知识的人员负责信息披露事务。

第二十八条 除监事会公告外，公众公司披露的信息应当以董事会公告的形式发布。董事、监事、高级管理人员非经董事会书面授权，不得对外发布未披露的信息。

第二十九条 公司及其他信息披露义务人依法披露的信息，应当在中国证监会指定的信息披露平台公布。公司及其他信息披露义务人可在公司网站或者其他公众媒体上刊登依本办法必须披露的信息，但披露的内容应当完全一致，且不得早于在中国证监会指定的信息披露平台披露的时间。

股票向特定对象转让导致股东累计超过200人的公众公司可以在公司章程中约定其他信息披露方式；在中国证监会指定的信息披露平台披露相关信息的，应当符合本条第一款的要求。

第三十条 公司及其他信息披露义务人应当将信息披露公告文稿和相关备查文件置备于公司住所供社会公众查阅。

第三十一条 公司应当配合为其提供服务的证券公司及律师事务所、会计师事务所等证券服务机构的工作，按要求提供所需资料，不得要求证券公司、证券服务机构出具与客观事实不符的文件或者阻碍其工作。

第四章　股票转让

第三十二条 股票向特定对象转让导致股东累计超过200人的股份有限公司，应当自上述行为发生之日起3个月内，按照中国证监会有关规定制作申请文件，申请文件应当包括但不限于：定向转让说明书、律师事务所出具的法律意见书、会计师事务所出具的审计报告。股份有限公司持申请文件向中国证监会申请核准。在提交申请文件前，股份有限公司应当将相关情况通知所有股东。

在3个月内股东人数降至200人以内的，可以不提出申请。

股票向特定对象转让应当以非公开方式协议转让。申请股票公开转让的，按照本办法第三十三条、第三十四条的规定办理。

第三十三条 公司申请其股票公开转让的，董事会应当依法就股票公开转让的具体方案做出决议，并提请股东大会批准，股东大会决议必须经出席会议的股东所持表决权的2/3以上通过。

董事会和股东大会决议中还应当包括以下内容：

（一）按照中国证监会的相关规定修改公司章程；

（二）按照法律、行政法规和公司章程的规定建立健全公司治理机制；

（三）履行信息披露义务，按照相关规定披露公开转让说明书、年度报告、半年度报告及其他信息披露内容。

第三十四条 股东人数超过200人的公司申请其股票公开转让，应当按照中国证监会有关规定制作公开转让的申请文件，申请文件应当包括但不限于：公开转让说明书、律师事务所出具的法律意见书、具有证券期货相关业务资格的会计师事务所出具的审计报告、证券公司出具的推荐文件。公司持申请文件向中国证监会申请核准。

公开转让说明书应当在公开转让前披露。

第三十五条 中国证监会受理申请文件后，依法对公司治理和信息披露进行审核，在 20 个工作日内做出核准、中止审核、终止审核、不予核准的决定。

第三十六条 股东人数未超过 200 人的公司申请其股票公开转让，中国证监会豁免核准，由全国中小企业股份转让系统进行审查。

第三十七条 公司及其董事、监事、高级管理人员，应当对公开转让说明书、定向转让说明书签署书面确认意见，保证所披露的信息真实、准确、完整。

第三十八条 本办法施行前股东人数超过 200 人的股份有限公司，符合条件的，可以申请在全国中小企业股份转让系统挂牌公开转让股票、首次公开发行并在证券交易所上市。

第五章 定向发行

第三十九条 本办法所称定向发行包括向特定对象发行股票导致股东累计超过 200 人，以及股东人数超过 200 人的公众公司向特定对象发行股票两种情形。

前款所称特定对象的范围包括下列机构或者自然人：

（一）公司股东；

（二）公司的董事、监事、高级管理人员、核心员工；

（三）符合投资者适当性管理规定的自然人投资者、法人投资者及其他经济组织。

公司确定发行对象时，符合本条第二款第（二）项、第（三）项规定的投资者合计不得超过 35 名。

核心员工的认定，应当由公司董事会提名，并向全体员工公示和征求意见，由监事会发表明确意见后，经股东大会审议批准。

投资者适当性管理规定由中国证监会另行制定。

第四十条　公司应当对发行对象的身份进行确认，有充分理由确信发行对象符合本办法和公司的相关规定。

公司应当与发行对象签订包含风险揭示条款的认购协议。

第四十一条　公司董事会应当依法就本次股票发行的具体方案做出决议，并提请股东大会批准，股东大会决议必须经出席会议的股东所持表决权的 2/3 以上通过。

申请向特定对象发行股票导致股东累计超过 200 人的股份有限公司，董事会和股东大会决议中还应当包括以下内容：

（一）按照中国证监会的相关规定修改公司章程；

（二）按照法律、行政法规和公司章程的规定建立健全公司治理机制；

（三）履行信息披露义务，按照相关规定披露定向发行说明书、发行情况报告书、年度报告、半年度报告及其他信息披露内容。

第四十二条　公司应当按照中国证监会有关规定制作定向发行的申请文件，申请文件应当包括但不限于：定向发行说明书、律师事务所出具的法律意见书、具有证券期货相关业务资格的会计师事务所出具的审计报告、证券公司出具的推荐文件。公司持申请文件向中国证监会申请核准。

第四十三条　中国证监会受理申请文件后，依法对公司治理和信息披露以及发行对象情况进行审核，在 20 个工作日内做出核准、中止审核、终止审核、不予核准的决定。

第四十四条　公司申请定向发行股票，可申请一次核准，分期发行。自中国证监会予以核准之日起，公司应当在 3 个月内首期发行，剩余数量应当在 12 个月内发行完毕。超过核准文件限定的有效期未发行的，须重新经中国证监会核准后方可发行。首期发行数量应当不少于总发行数量的 50%，剩余各期发行的数量由公司自行确定，每期发行后 5 个工作日内将发行情况报中国证监会备案。

第四十五条　在全国中小企业股份转让系统挂牌公开转让股票的公众公司向特定对象发行股票后股东累计不超过 200 人的，中国证监会豁免核准，由全国中小企业股份转让系统自律管理，但发行对象应当符合本办法第三十九条的规定。

第四十六条 股票发行结束后，公众公司应当按照中国证监会的有关要求编制并披露发行情况报告书。申请分期发行的公众公司应在每期发行后按照中国证监会的有关要求进行披露，并在全部发行结束或者超过核准文件有效期后按照中国证监会的有关要求编制并披露发行情况报告书。

豁免向中国证监会申请核准定向发行的公众公司，应当在发行结束后按照中国证监会的有关要求编制并披露发行情况报告书。

第四十七条 公司及其董事、监事、高级管理人员，应当对定向发行说明书、发行情况报告书签署书面确认意见，保证所披露的信息真实、准确、完整。

第四十八条 公众公司定向发行股份购买资产的，按照本章有关规定办理。

第六章　监督管理

第四十九条 中国证监会会同国务院有关部门、地方人民政府，依照法律法规和国务院有关规定，各司其职，分工协作，对公众公司进行持续监管，防范风险，维护证券市场秩序。

第五十条 中国证监会依法履行对公司股票转让、定向发行、信息披露的监管职责，有权对公司、证券公司、证券服务机构采取《证券法》第一百八十条规定的措施。

第五十一条 全国中小企业股份转让系统应当发挥自律管理作用，对在全国中小企业股份转让系统公开转让股票的公众公司及相关信息披露义务人披露信息进行监督，督促其依法及时、准确地披露信息。发现公开转让股票的公众公司及相关信息披露义务人有违反法律、行政法规和中国证监会相关规定的行为，应当向中国证监会报告，并采取自律管理措施。

第五十二条 中国证券业协会应当发挥自律管理作用，对从事公司股票转让和定向发行业务的证券公司进行监督，督促其勤勉尽责地履行尽职调查和督导职责。发现证券公司有违反法律、行政法规和中国证监会相关规定的行为，应当向中国证监会报告，并采取自律管理措施。

第五十三条 中国证监会可以要求公司及其他信息披露义务人或者其董事、监事、高级管理人员对有关信息披露问题做出解释、说明或者提供相关资料，并要求公司提供证券公司或者证券服务机构的专业意见。

中国证监会对证券公司和证券服务机构出具文件的真实性、准确性、完整性有疑义的，可以要求相关机构做出解释、补充，并调阅其工作底稿。

第五十四条 证券公司在从事股票转让、定向发行等业务活动中，应当按照中国证监会的有关规定勤勉尽责地进行尽职调查，规范履行内核程序，认真编制相关文件，并持续督导所推荐公司及时履行信息披露义务、完善公司治理。

第五十五条 证券服务机构为公司的股票转让、定向发行等活动出具审计报告、资产评估报告或者法律意见书等文件的，应当严格履行法定职责，遵循勤勉尽责和诚实信用原则，对公司的主体资格、股本情况、规范运作、财务状况、公司治理、信息披露等内容的真实性、准确性、完整性进行充分的核查和验证，并保证其出具的文件不存在虚假记载、误导性陈述或者重大遗漏。

第五十六条 中国证监会依法对公司进行监督检查或者调查，公司有义务提供相关文件资料。对于发现问题的公司，中国证监会可以采取责令改正、监管谈话、责令公开说明、出具警示函等监管措施，并记入诚信档案；涉嫌违法、犯罪的，应当立案调查或者移送司法机关。

第七章　法律文件

第五十七条 公司以欺骗手段骗取核准的，公司报送的报告有虚假记载、误导性陈述或者重大遗漏的，除依照《证券法》有关规定进行处罚外，中国证监会可以采取终止审核并自确认之日起在 36 个月内不受理公司的股票转让和定向发行申请的监管措施。

第五十八条 公司未按照本办法第三十二条、第三十四条、第四十二条规定，擅自转让或者发行股票的，按照《证券法》第一百八十八条的规定进行处罚。

第五十九条 证券公司、证券服务机构出具的文件有虚假记载、误导性陈述或者重大遗漏的，除依照《证券法》及相关法律法规的规定处罚外，中国证监会可视情节轻重，自确认之日起采取 3 个月至 12 个月内不接受该机构出具的相关专项文件，36 个月内不接受相关签字人员出具的专项文件的监管措施。

第六十条 公司及其他信息披露义务人未按照规定披露信息，或者所披露的信息有虚假记载、误导性陈述或者重大遗漏的，依照《证券法》第一百九十三条的规定进行处罚。

第六十一条 公司向不符合本办法规定条件的投资者发行股票的，中国证监会可以责令改正，并可以自确认之日起在 36 个月内不受理其申请。

第六十二条 信息披露义务人及其董事、监事、高级管理人员，公司控股股东、实际控制人，为信息披露义务人出具专项文件的证券公司、证券服务机构及其工作人员，违反《证券法》、行政法规和中国证监会相关规定的，中国证监会可以采取责令改正、监管谈话、出具警示函、认定为不适当人选等监管措施，并记入诚信档案；情节严重的，中国证监会可以对有关责任人员采取证券市场禁入的措施。

第六十三条 公众公司内幕信息知情人或非法获取内幕信息的人，在对公众公司股票价格有重大影响的信息公开前，泄露该信息、买卖或者建议他人买卖该股票的，依照《证券法》第二百零二条的规定进行处罚。

第八章 附　则

第六十四条 公众公司向不特定对象公开发行股票的，应当遵守《证券法》和中国证监会的相关规定。

公众公司申请在证券交易所上市的，应当遵守中国证监会和证券交易所的相关规定。

第六十五条 本办法施行前股东人数超过 200 人的股份有限公司，不在全国中小企业股份转让系统挂牌公开转让股票或证券交易所上市的，应当按相关要求规范后申请纳入非上市公众公司监管。

第六十六条 本办法所称股份有限公司是指首次申请股票转让或定向发行的股份有限公司；所称公司包括非上市公众公司和首次申请股票转让或定向发行的股份有限公司。

第六十七条 本办法自 2013 年 1 月 1 日起施行。

3

《全国中小企业股份转让系统主办券商管理细则（试行）》

第一章 总则

第一条 为规范证券公司在全国中小企业股份转让系统（以下简称"全国股份转让系统"）从事相关业务，维护市场正常秩序，保护投资者合法权益，根据《全国中小企业股份转让系统业务规则（试行）》（以下简称"业务规则"）等相关规定，制定本细则。

第二条 证券公司在全国股份转让系统开展相关业务前，应当向全国中小企业股份转让系统有限责任公司（以下简称"全国股份转让系统公司"）申请备案，成为主办券商。

未经备案的证券公司不得在全国股份转让系统开展相关业务。

第三条 主办券商及其董事、监事、高级管理人员和相关业务人员，应当遵守法律法规和全国股份转让系统相关规定，勤勉尽责、诚实守信，接受全国股份转让系统公司的自律管理。

第二章 业务申请

第四条 主办券商可在全国股份转让系统从事以下部分或全部业务：推荐业务、经纪业务、做市业务，以及全国股份转让系统公司规定的其他业务。

第五条 证券公司申请在全国股份转让系统从事推荐业务应具备下列条件：

（一）具备证券承销与保荐业务资格；

（二）设立推荐业务专门部门，配备合格专业人员；

（三）建立尽职调查制度、工作底稿制度、内核工作制度、持续督导制度及其他推荐业务管理制度；

（四）全国股份转让系统公司规定的其他条件。

证券公司的子公司具备证券承销与保荐业务资格的，证券公司可以申请从事推荐业务，但不得与子公司同时在全国股份转让系统从事推荐业务。

第六条 证券公司申请在全国股份转让系统从事经纪业务应具备下列条件：

（一）具备证券经纪业务资格；

（二）配备开展经纪业务必要人员；

（三）建立投资者适当性管理工作制度、交易结算管理制度及其他经纪业务管理制度；

（四）具备符合全国股份转让系统公司要求的交易技术系统；

（五）全国股份转让系统公司规定的其他条件。

第七条 证券公司申请在全国股份转让系统从事做市业务应具备下列条件：

（一）具备证券自营业务资格；

（二）设立做市业务专门部门，配备开展做市业务必要人员；

（三）建立做市股票报价管理制度、库存股管理制度、做市风险监控制度及其他做市业务管理制度；

（四）具备符合全国股份转让系统公司要求的做市交易技术系统；

（五）全国股份转让系统公司规定的其他条件。

第八条 证券公司在全国股份转让系统开展业务前，应向全国股份转让系统公司申请备案，提交下列文件：

（一）申请书；

（二）公司设立的批准文件；

（三）公司基本情况申报表；

（四）《经营证券业务许可证》（副本）复印件；

（五）《企业法人营业执照》（副本）复印件；

（六）申请从事的业务及业务实施方案，包括：部门设置、人员配备与分工情况说明，内部控制体系的说明，主要业务管理制度，技术系统说明等；

（七）最近年度经审计财务报表和净资本计算表；

（八）公司章程；

（九）全国股份转让系统公司要求提交的其他文件。

证券公司应当按照全国股份转让系统公司规定的方式和要求，提交上述文件。

第九条　证券公司申请文件齐备的，全国股份转让系统公司予以受理。全国股份转让系统公司同意备案的，自受理之日起十个转让日内与证券公司签订《证券公司参与全国中小企业股份转让系统业务协议书》（以下简称《协议书》），向其出具主办券商业务备案函（以下简称"业务备案函"），并予以公告。公告后，主办券商可在公告业务范围内开展业务。

第十条　主办券商应在取得业务备案函后五个转让日内，在全国股份转让系统指定信息披露平台（www.neeq.com.cn 或 www.neeq.cc）披露公司基本情况、主要业务人员情况及全国股份转让系统公司要求披露的其他信息。

主办券商所披露信息内容发生变更的，应自变更之日起五个转让日内报告全国股份转让系统公司并进行更新。

第十一条　主办券商名称发生变更的，应当办理名称变更备案，向全国股份转让系统公司提交下列文件：

（一）申请书；

（二）机构名称变更的批准文件；

（三）变更后的《经营证券业务许可证》（副本）复印件和《企业法人营业执照》（副本）复印件；

（四）变更后的公司章程；

（五）原业务备案函；

（六）全国股份转让系统公司要求提交的其他文件。

第十二条　主办券商名称变更备案文件齐备的，全国股份转让系统公司自收到变更备案申请之日起五个转让日内与主办券商重新签订《协议书》，换发业务备案函，并予以公告。

第十三条　主办券商申请新增业务的，应当向全国股份转让系统公司提交第八条所列（一）、（四）、（六）项文件及全国股份转让系统公司要求的其他文件。

第十四条　全国股份转让系统公司同意主办券商新增业务备案的，自受理申请文件之日起十个转让日内与申请主办券商签订补充协议，出具业务备案函，并予以公告。

第十五条 主办券商申请终止从事全国股份转让系统相关业务或不再具备相关业务备案条件的，全国股份转让系统公司终止其从事全国股份转让系统相关业务，书面通知该主办券商并公告。

主办券商终止从事全国股份转让系统相关业务的，应制定业务处置方案，做好业务终止后续处置工作，并将处置方案、处置情况及时报告全国股份转让系统公司。

第十六条 主办券商被中国证监会依法指定托管、接管的，托管方或者其他相关机构对所托管的主办券商业务行使经营管理权时，应当确保其遵守全国股份转让系统规定，承担相关义务。

第三章 业务管理

第一节 一般规定

第十七条 主办券商开展全国股份转让系统相关业务，应当建立健全合规管理、内部风险控制与管理机制，严格防范和控制风险。

第十八条 主办券商及其业务人员应当对开展全国股份转让系统业务中获取的非公开信息履行保密义务，不得利用该信息谋取不正当利益。

第十九条 主办券商应当加强业务人员的职业道德和诚信教育，强化业务人员的勤勉尽责意识、合规操作意识、风险控制意识和保密意识。

第二十条 主办券商应按全国股份转让系统公司要求在全国股份转让系统指定信息披露平台披露其执业情况、接受全国股份转让系统公司处分等信息。

第二十一条 主办券商应当根据全国股份转让系统公司要求，调查或协助调查指定事项，并将调查结果及时报告全国股份转让系统公司。

第二十二条 主办券商应按要求组织相关人员参加全国股份转让系统公司举办的业务和技术培训。未按规定参加培训的，全国股份转让系统公司可暂不受理主办券商及其相关人员出具的文件。

主办券商首次推荐公司挂牌前，应接受全国股份转让系统公司的业务培训。

第二十三条 主办券商应当按照全国股份转让系统公司要求建立开展相关

业务所需的技术系统，包括交易系统、做市报价系统、行情系统和通信系统及其备份系统等，并制定相应的安全运行管理制度。

第二十四条 主办券商应遵守全国股份转让系统公司有关转让信息管理的规定，按要求使用全国股份转让系统转让信息。

未经全国股份转让系统公司许可，主办券商不得将转让信息提供给客户从事自身股票转让以外的其他活动，不得将转让信息提供给客户以外的其他机构和个人，不得在营业场所外使用转让信息。

第二节 推荐业务

第二十五条 主办券商推荐股份公司股票挂牌，应与申请挂牌公司签订推荐挂牌并持续督导协议，约定双方权利和义务，并对申请挂牌公司董事、监事、高级管理人员及其他信息披露义务人进行培训，使其了解相关法律、法规、规则、协议所规定的权利和义务。

第二十六条 主办券商应对申请挂牌公司进行尽职调查，并在全面、真实、客观、准确调查的基础上出具尽职调查报告。

第二十七条 主办券商应设立内核机构，负责审核股份公司股票挂牌申请，并在审核基础上出具内核意见。

第二十八条 主办券商应根据内核意见决定是否推荐股份公司股票挂牌。同意推荐的，出具推荐报告。

主办券商可以根据申请挂牌公司委托，组织编制申请文件。

第二十九条 主办券商应持续督导所推荐挂牌公司诚实守信、规范履行信息披露义务、完善公司治理机制。

主办券商应配备合格专业人员，建立健全持续督导工作制度，勤勉履行审查挂牌公司拟披露的信息披露文件、对挂牌公司进行现场检查、发布风险警示公告等督导职责。

第三节 经纪业务

第三十条 主办券商代理投资者买卖挂牌公司股票，应当与投资者签订证券买卖委托代理协议，并按照全国股份转让系统的股票转让制度要求接受投资者的买卖委托。

第三十一条 主办券商应当按照全国股份转让系统公司要求，建立健全投资者适当性管理制度。主办券商代理投资者买卖挂牌公司股票前，应当充分了解投资者的身份、财务状况、证券投资经验等情况，评估投资者的风险承受能力和风险识别能力。

主办券商不得为不符合投资者适当性要求的投资者提供代理买卖服务，全国股份转让系统公司另有规定的除外。

第三十二条 主办券商在与投资者签订证券买卖委托代理协议前，应着重向投资者说明投资风险自担的原则，详细讲解风险揭示书的内容，要求投资者认真阅读并签署风险揭示书。

第三十三条 主办券商应利用各种方式告知投资者全国股份转让系统业务规则及相关信息，持续揭示投资风险。

第三十四条 主办券商不得欺骗和误导投资者，不得利用自身的技术、设备及人员等业务优势侵害投资者合法权益。

第三十五条 主办券商接受客户股票买卖委托时，应当查验客户股票和资金是否足额，法律、行政法规、部门规章另有规定的除外。

第三十六条 主办券商应设立交易监控系统，对自身及客户转让行为进行有效监督，防范违规转让行为。

第三十七条 主办券商对客户的资金、股票以及委托、成交数据应当有完整、准确、详实的记录或者凭证，按户分账管理，并向客户提供对账与查询服务。

主办券商应当采取有效措施，妥善保存上述文件资料，保存期限不得少于二十年。

第三十八条 主办券商应当加强证券账户管理，不得为他人违法违规使用证券账户进行股票转让提供便利。

第三十九条 主办券商应当在营业场所及时准确地公布转让信息，供从事股票转让的客户使用。

主办券商应当告知客户不得将转让信息用于自身股票转让以外的其他活动，并对客户使用转让信息的行为进行有效管理。

第四节 做市业务

第四十条 主办券商开展做市业务，应通过专用证券账户、专用交易单元进行。做市业务专用证券账户应向中国证券登记结算有限责任公司和全国股份转让系统公司报备。

第四十一条 主办券商应建立做市资金的管理制度，明确做市资金的审批、调拨、使用流程，确保做市资金安全。

第四十二条 主办券商应建立做市股票的管理制度，明确做市股票获取、处置的决策程序、以及库存股票头寸管理制度。

第四十三条 主办券商应当建立以净资本为核心的做市业务规模监控和调整机制，根据自身财务状况和中国证监会关于证券公司风险监控指标规定等要求，合理确定做市业务规模。

第四十四条 主办券商应建立做市业务内部报告制度，明确业务运作、风险监控、业务稽核及其他有关信息的报告路径和反馈机制。

第四十五条 主办券商应当建立健全做市业务动态风险监控机制，监控做市业务风险的动态变化，提高动态监控效率。

第四十六条 主办券商开展做市业务，不得利用信息优势和资金优势，单独或者通过合谋，以串通报价或相互买卖等方式制造异常价格波动，损害投资者利益。

第四十七条 主办券商开展做市业务，不得干预挂牌公司日常经营，其业务人员不得在挂牌公司兼职。

第四十八条 主办券商开展做市业务，对报价和成交数据等应有完整、准确、详实的记录或者凭证，并采取有效措施妥善保存，保存期限不得少于二十年。

第四十九条 主办券商应按全国股份转让系统公司要求报告其做市股票库存、做市业务盈亏及相关风险监控指标等信息。

第四章 日常管理

第一节 业务联络

第五十条 主办券商应指定一名公司高级管理人员（以下简称"指定高管）负责组织、协调主办券商与全国股份转让系统公司的各项业务往来，并指定业务联络人协助履行相应职责。

指定高管及业务联络人的任职、变更应及时报告全国股份转让系统公司。

第五十一条 指定高管和业务联络人应履行下列职责：

（一）负责报送全国股份转让系统公司要求的文件；

（二）组织相关业务人员按时参加全国股份转让系统公司举办的培训；

（三）协调主办券商与全国股份转让系统公司相关技术系统的改造、测试等；

（四）及时接收全国股份转让系统公司发送的业务文件，并予以协调落实；

（五）及时更新全国股份转让系统指定信息披露平台上主办券商相关信息；

（六）督促主办券商及时履行报告与公告义务；

（七）督促主办券商及时缴纳各项费用；

（八）全国股份转让系统公司要求履行的其他职责。

第五十二条 指定高管与业务联络人出现下列情形之一的，主办券商应当自该情形发生之日起五个转让日内予以更换并报告全国股份转让系统公司：

（一）指定高管不再分管全国股份转让系统相关业务或不再担任高级管理人员职务；

（二）连续三个月不能履行职责；

（三）在履行职责时出现重大错误，产生严重后果的；

（四）全国股份转让系统公司认为不适宜继续担任指定高管或业务联络人的其他情形。

第五十三条 指定高管空缺期间，主办券商法定代表人应当履行指定高管的职责，直至主办券商向全国股份转让系统公司报备新的指定高管。

第二节　报告与公告

第五十四条 主办券商向全国股份转让系统公司报送的信息和资料应当真实、准确、完整。

第五十五条 主办券商应向全国股份转让系统公司履行下列定期报告义务：

（一）每年四月三十日前报送上年度经审计财务报表和从事全国股份转让系统相关业务情况报告；

（二）全国股份转让系统公司规定的其他定期报告义务。

全国股份转让系统公司可根据需要调整上述报告的报送时间及内容要求。

第五十六条 有下列情形之一的，主办券商应当自该情形发生之日起五个转让日内向全国股份转让系统公司报告：

（一）根据本规则第八条提交的相关文件所涉事项发生变更的；

（二）公司总部、分支机构发生证券法第一百二十九条规定情形的；

（三）净资本等风险控制指标不符合中国证监会规定标准的；

（四）全国股份转让系统公司规定的其他事项。

第五十七条 主办券商发生下列情形的，应当立即向全国股份转让系统公司报告，并持续报告进展情况：

（一）重大业务风险；

（二）进入风险处置；

（三）重大技术故障；

（四）不可抗力或者意外事件可能影响客户正常转让的；

（五）其他影响公司正常经营的重大事件。

主办券商发生前款第（三）、（四）项异常情况的，应当立即在其营业场所予以公告。

第五十八条 主办券商出现证券法第一百五十条至第一百五十四条规定情形的，应当向全国股份转让系统公司报告事件产生的原因、中国证监会采取的措施、主办券商整改结果等情况。

第五十九条 全国股份转让系统公司可以根据审慎监管原则，要求主办券商对从事全国股份转让系统相关业务情况进行自查，并提交专项自查报告。

第六十条 主办券商被依法托管或接管的，托管方或接管方应当自中国证监会批准托管或接管方案之日起二个转让日内将托管或接管方案等文件报送全国股份转让系统公司。

第三节 收 费

第六十一条 主办券商应按照规定的收费项目、收费标准与收费方式，按时交纳相关费用。

第六十二条 主办券商欠缴全国股份转让系统公司相关费用的，全国股份转让系统公司可视情况暂停受理或者办理其相关业务。

第六十三条 主办券商被中国证监会依法指定托管、接管的，主办券商应当按照全国股份转让系统公司要求交纳相关费用，如不能按时交纳的，全国股份转让系统公司可视情况采取相应措施。

第四节 纠纷解决

第六十四条 主办券商应当指定部门受理客户投诉，并按要求将相关业务投诉及处理情况向全国股份转让系统公司报告。

第六十五条 主办券商之间、主办券商与挂牌公司之间、主办券商与客户之间发生的业务纠纷可能影响市场正常秩序的，相关主办券商应当自该情形出现之日起二个转让日内向全国股份转让系统公司报告。

第五章 自律监管

第六十六条 全国股份转让系统公司可根据监管需要，对主办券商业务活动中的风险管理、技术系统运行、做市义务履行、推荐挂牌及持续督导等情况进行监督检查。

第六十七条 主办券商应当积极配合全国股份转让系统公司监管，按照全国股份转让系统公司要求及时说明情况，提供相关文件、资料，不得拒绝或者拖延提供有关资料，不得提供虚假、误导性或者不完整的资料。

第六十八条 全国股份转让系统公司对主办券商及从业人员执业情况进行持续记录，并可将记录信息予以公开。

第六十九条 主办券商及相关业务人员违反本细则的，全国股份转让系统公司可依据《业务规则》采取相应的监管措施或纪律处分。

主办券商因违反本细则被终止从事相关业务的，全国股份转让系统公司将在终止其从事相关业务之日起 12 个月内不再受理其申请。

第六章 附 则

第七十条 本细则由全国股份转让系统公司负责解释。

第七十一条 本细则自发布之日起施行。

图书在版编目（CIP）数据

新三板规则解读与操作指南／韩骁，常莎著 .—北京：
中国法制出版社，2016.1
ISBN 978－7－5093－7076－6

Ⅰ.①新… Ⅱ.①韩…②常… Ⅲ.①中小企业－企业融资
－研究－中国 Ⅳ.①F279.243

中国版本图书馆 CIP 数据核字（2015）第 288385 号

策划编辑　刘　峰（52jm.cn@163.com）
责任编辑　张　津（zj2007011567@163.com）　　　　　　封面设计　周黎明

新三板规则解读与操作指南
XINSANBAN GUIZE JIEDU YU CAOZUO ZHINAN

著者/韩骁，常莎
经销/新华书店
印刷/三河市紫恒印装有限公司
开本/710 毫米×1000 毫米 16　　　　　　　　印张/15　字数/308 千
版次/2016 年 3 月第 1 版　　　　　　　　　　　2016 年 3 月第 1 次印刷

中国法制出版社出版
书号 ISBN 978－7－5093－7076－6　　　　　　　定价：48.00 元

北京西单横二条 2 号　　　　　　　　　　值班电话：010－66026508
邮政编码 100031　　　　　　　　　　　　传真：010－66031119
网址：http：//www.zgfzs.com　　　　编辑部电话：**010－66053217**
市场营销部电话：010－66033393　　　邮购部电话：**010－66033288**

（如有印装质量问题，请与本社编务印务管理部联系调换。电话：010－66032926）